KB261633

사람의 향기, 신앙의 향기

믿음이란
한 알의 밀알이 땅에 떨어져 죽음으로 많은 열매를 맺음과 같이
진리의 열매를 위하여 스스로 죽는 것을 뜻합니다.
눈으로 볼 수는 없으나 영원히 살아 있는 진리와
목숨을 맞바꾸는 자들을 우리는 믿는 이라고 부릅니다.
「믿음의 글들」은 평생, 혹은 가장 귀한 순간에
진리를 위하여 죽거나 죽기를 결단하는
참 믿는 이들의, 참 믿는 이들을 위한, 참 믿음의 글입니다.

사람의 향기, 신앙의 향기

박명철 지음

홍성사

마땅히 가져야 할 희망을 지니지 못해 힘겨워하는 이들과

함께 나누고 싶습니다

성경에는 참으로 다양한 사람들이 등장한다. 착하고 진실한 사람이 있는가 하면 사기꾼과 배신자와 거짓말쟁이가 있다. 현명한 아내가 있는가 하면 간음한 여인이 등장하기도 한다. 동생을 죽인 카인이 있는가 하면 형제들을 용서한 요셉도 있다. 성경에는 올바르고 아름다운 것만 있는 게 아니라 인생의 양지와 음지가 함께 들어 있다. 그래서 성경은 늘 우리 삶의 생생한 축도(縮圖)가 되어 준다.

성경뿐 아니라 우리가 살아가면서 신의 섭리를 느끼고 인생의 지혜를 배우는 것 또한 사람을 통해서인 경우가 많다. 왜냐하면 우리 모두가 그분의 피조물이기 때문이다. 아름다운 사람을 만나면 그 사람 안에 숨쉬고 있는 하나님을 동시에 만나고 있다는 느낌이 들고, 고통받는 사람을 만나면 그 사람 안에서 신음하고 계신 하나님의 음성을 듣는 것 같다. 그러기에 우리가 겪는 희로애락을 좀더 깊이 들여다 볼 필요가 있다.

칼릴 지브란의 산문시 중에 이런 대목이 있다.

그 전에는 사람들을 두 부류로 나누어 생각했지.

비웃거나 불쌍히 여겨야 할 약한 사람들과
복종하거나 아니면 저항해야 할 힘센 사람들.
그러나 모든 이들과 마찬가지로
나 역시 같은 흙으로 지어졌다는 걸 알게 되었네.
나를 이루는 요소가 그들의 요소이기도 하고
나의 내적 자아가 그들의 자아이기도 하다는 것을,
나의 갈등이 그들의 갈등이기도 하며
그들의 순례길이 나 자신의 것이기도 하네.

–칼릴 지브란, 〈내 영혼이 나에게 충고했네〉 중에서

이 시는 모든 사람들이 나와 같은 흙으로 지어진 존재라는 사실을 받아들이는 순간, 타인의 고통과 기쁨이 바로 나 자신의 것이 된다고 말하고 있다. 박명철 기자의 《사람의 향기, 신앙의 향기》를 읽으면서 가장 먼저 느낀 것도 이 기록들이 그런 연대감 속에서 출발하고 있다는 사실이었다. 다른 사람의 삶을 이해하고 그 향기를 가까이하는 것, 그것이야말로 우리가 일상 속에서 하나님을 만나는 지름길이 아닌가.

박명철 기자가 오랫동안 책이나 사람들과의 만남을 통해 길어낸 이 글들에는 각기 빛깔이 다른 삶의 이야기가 풍성하게 담겨 있다. 아름다운 공동체를 일구어가는 시골 교회의 모습을 보여 주기도 하고, 대안 학교나 실업계 고등학교 등 교육현장의 생생한 목소리를 들려주기도 한다. 또한 장애인 문제나 실직자 가정 등 우리 사회의 소외된 사람들의 고민에 귀 기울이기도 한다. 그런가 하면 삼일운동 시절 기독교인들이 보여 준 사랑과 싸움의 원칙을 되짚어 보거나, 노근리 양민학살사건의 증언자를 통해 아픈 역사의 한 페이지를 다시 펼쳐 보이기도 한다.

그런데 이 다양성은 무방향적인 게 아니라 하나로 어우러져서 향기로운 신앙의 꽃다발을 만들어 낸다. 박명철 기자는 내가 만난 기독교인들 중에 참 맑고 건강한 눈과 마음을 지녔다고 느낀 사람 중 하나인데, 이 책을 통해 나는 더 많은 동료와 스승을 만나게 된 것 같다. 그 아름다운 만남을 주선해 준 그의 부지런한 행보(行步)에 우선 감탄과 감사를 보낸다.

특히 그의 시선은 우리 사회의 그늘진 곳과 소외된 사람들에 오래 머문다. 그것은 아마도 그가 젊은 기자로서 지닌 정의감과 기독교인으로서 지닌 사랑이 결합된 결과일 것이다.

예수께서는 일찍이 이렇게 말씀하셨다.

"천지의 주재이신 아버지여 이것을 지혜롭고 슬기 있는 자들에게는 숨기시고 어린 아이들에게는 나타내심을 감사하나이다."

이 말씀처럼, 스스로 지혜롭다고 하는 자들보다 어린 아이와 같이 약하고 보잘 것 없는 존재들에게 하나님의 섭리는 드러나게 마련이다.

그리고 그는 선입견을 가지고 일방적인 진단과 평가를 내리기보다는 겸허하게 그들의 육성에 귀를 기울임으로써 마치 그 사람들을 직접 만나는 듯한 느낌을 갖게 한다. 그런 점에서 이 책의 저자는 그 수많은 목소리들이라고도 말할 수 있다. 이러한 수용적인 대화성은 온갖 강변과 확신이 난무하는 시대에 소중한 태도가 아닐 수 없다.

이 책의 또 하나의 미덕은 신앙을 관념적이거나 계몽적인 차원에서 접근하는 것이 아니라 지극히 일상적인 방식으로 발견하고 풀어내고 있다는 점이다. 사실 일상과 역사, 사랑과 정의, 영적인 삶과 세상살이의 고뇌란 따로 떨어져 있는 게 아니다. 그럼에도 불구하고 적지 않은 종교서적들이 삶을 도려낸 신앙을 말하고 있지 않은가. 그에 비하면 이 책이 말하는 믿음, 소망, 사랑, 나눔의 향기는 실로 가까운 곳에서 구체적으로 살아 있다는 느낌을 준다.

"애당초 나의 나 됨은 수많은 이들과의 끊임없는 관계의 산물"이라고 그는 말한다. 그러면서 "나는 그들 속에 존재하며 이 때문에 어떤 지난한 삶일지라도 짊어지고 가야 합니다"라고 고백한다. 이 구절을 읽으면서 그가 왜 이런 작업들을 지속해 왔고, 또 해야만 했는지 이해할 수 있을 것 같았다. 그리고 그 과정에서 그가 얻은 인간에 대한 사랑과 성찰이 부러웠다. 모쪼록 이 물비늘처럼 반짝이는 삶의 조각들이 많은 사람들의 일상을 새롭게 하고 영혼에 힘을 불어넣기를 바란다.

나희덕(시인)

차례

1

내 영혼에 생기를 불어넣는 믿음 향기

2

일상을 새롭게 하는 사랑 향기

3

세상살이를 살맛나게 하는 소망 향기!

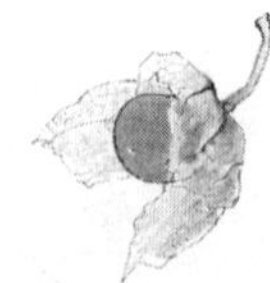

4

오늘의 삶을 감사케 하는 나눔 향기!

1

내 영혼에 생기를 불어넣는 믿음 향기

그렇게 우직하게 한 길, 양심이 자유로운 그 길을 걷는 이들 또한

우리 시대의 들꽃입니다. 활짝 피기까지는 누구의 눈길도 받지 않기로

작정한 그런 꽃들이 흐드러지게 피어나길 기대해 봅니다.

슬픔이 변하여 춤이 되는 삶

전북 군산에 사시는 오 권사님은 여든셋의 연세만큼 꽤나 오랜 세월을 가난 속에 살아오신 분입니다. 후처로 시집 와서 전처의 아들을 기르고 장가도 보냈습니다. 권사님이 시집 와서 낳은 딸도 결혼식을 올렸습니다. 이렇게 모두를 출가시키고 난 뒤 홀로 교회 일에 매달리며 여생을 보람 있게 보내고 있습니다.

몇 년 전, 권사님은 추석을 앞둔 어느 날 큰일을 치렀습니다. 서울 살던 딸과 사위가 손자들을 데리고 군산으로 내려오다 교통사고를 당한 것입니다. 이 사고로 당신의 살 같은 피붙이들을 한꺼번에 잃어버렸습니다. 멀리 떨어져 살았지만 그래도 마음 둘 만한 아이들이었습니다. 그렇게도 소중한 이들을 잃어버린 오 권사님에게 돌아온 것은 보상금 1억 원. 평생 만져 보지 못한 큰돈이 세상에서 가장 사랑하던 딸과 손자가 모두 떠나버린 뒤, 가장 가까운 가족이라며 권사님께 지급된 것입니다. 주위에선 딸이 떠나면서까지 효도한다고 권사님을 위로했습니다. 이제 편히 살면서 주님 일 열심히 하라는 뜻이라고 의미를 더했습니다.

그러나 권사님 생각은 달랐습니다. 그 돈은 그의 평생에 가장 사랑하던 사람들의 목숨을 대신해서 받은 돈이었습니다. 그들의 목숨이 누구 것입니까, 권사님은 그렇게 되물었습니다. 그 젊디젊은 생명을 거둬 가신 분이 누구냐고 또 물었습니다. 하나님이셨습니다. 아니, 하나님이셔야 했습니다. 그러니 그들 생명의 주인이신 하나님, 그분께로 그들을 보냈으니, 그 돈도 마땅히 되돌려 드려야 했습니다.

생각이 여기에 미치자 권사님은 목사님을 찾아가 돈을 내놓았습니다. 학비가 없어 어렵게 공부하는 신학생들의 장학금으로 쓰였으면 좋겠다고 말했습니다. 권사님의 형편을 잘 알기에 목사님도 처음에는 만류했지만 권사님 의지가 너무 강해 돈을 받아 둘 수밖에 없었습니다. 이렇게 해서 권사님 이름이 붙은 장학회가 탄생했습니다. 꼭 그럴 필요가 있었느냐고 물어오는 주위 사람들을 향해서 권사님은 이렇게 말합니다.

"하나님 사랑이 하도 커서 아이들 죽기 전보다 더 많은 아들을 이 나이에 주실 모양이오. 나처럼 복 받은 인생이 세상에 또 어디 있겠소, 잉?"

그 복이 말씀처럼 그렇게 온통 기쁨이었을까요? 전 도리어 권사님이 흘리셨을 '눈물의 기쁨'을 봅니다. 그러나 주님 안에서는 그렇게 감정조차 역전되는 모양입니다. 슬픔이 변하여 춤이 되는, 그 신비스런 과정을 오 권사님을 통해서 봅니다. ✿

선교사는 무엇으로 사는가

김 선교사님은 선교의 자유가 극도로 제한된 이슬람 국가에서 사람들이 많이 모이는 공공장소를 찾아 전도지 뿌리는 일을 했습니다. 이 일은 매우 위험해서, 만약 누군가 신고라도 하면 꼼짝없이 체포되어 그 나라에서 추방당해야 합니다.

그런데 실제로 그런 일이 일어났습니다. 누군가의 신고를 받고 온 현지 경찰이 선교사님을 체포했습니다. 다급해진 그는 자신의 결백을 주장했습니다. 전도지를 돌린 일이 없다는 것이었죠. 그러나 자동차 트렁크에 실린 전도지들이 발각되어 더 이상 자신의 주장을 변호할 길마저 막히고 말았습니다. 이제 김 선교사님은 이 나라의 헌법을 들이대며 "종교의 자유가 있는데 왜 날 체포하느냐"고 또 따졌습니다. 다행히 여러 가지 상황이 작용해서 선교사님은 풀려날 수 있었습니다. 박해를 무릅쓴 김 선교사의 선교활동은 무척 소중한 일임에 틀림없습니다.

그러나 김 선교사님과 같은 나라에서 선교사로 일하는 황 선교사님의 이야기는 또 다른 생각을 갖게 합니다. 학생 신분인 황 선교사님 역시 공공장소에서 선교활동을 하다 경찰에 체포됐지만, 조사 과정에서 그는 김 선교사님과 달랐습니다.

"저는 한국에서 유학 온 학생입니다. 저는 예수님을 믿고 나서 비로소 인생의 의미를 찾았습니다. 그렇게 내 인생의 의미를 바꿔 놓은 예수 그리스도를 내가 사랑하는 이 나라 사람들에게 꼭 전하고 싶었습니다. 제게 잘못이 있다면 당연히 벌을 받겠습니다. 그러나 저는 풀려나도 또다시 예수님을 전할 수밖에 없을 것입니다. 솔직히 지금 나를 심문하고 있는 당신에게도 나의 메시아이신 예수님을 소개하고 싶으니까요."

황 선교사님의 이 고백이 도리어 경찰을 감동시켰습니다. 경찰은 "당신 같은 선교사는 처음입니다. 당신의 정직함에 감동했소. 오늘 일은 없었던 일로 할 테니 앞으로는 주의하시오" 하며 돌려보냈습니다.

김 선교사님이든 황 선교사님이든 모두 귀한 분들입니다. 그러나 우리는 사도행전이 가르쳐 온 복음 전도의 열정을 황 선교사님에게서 다시 발견합니다. 정직이며, 그 정직을 가능하게 하는 영혼에 대한 사랑입니다. 그들과 우리가 함께 지녀야 할 복음 전도의 방식이 이것입니다. 우리 역시 세상과 마주선 선교사임을 생각할 때, 사랑에 기초한 정직이야말로 우리의 사명을 이뤄 내기 위해 주님이 가르쳐 주신 삶의 방식입니다. ✽

하나님의 깜짝 쇼

　윤미는 고등학교 3학년 취업반입니다. 교회에서는 학생회 회장 직을 맡고 있지요. 윤미가 회장을 맡은 건 그가 상업고등학교에 다닌다는 이유 때문이었습니다. 인문계 학생들은 입시준비로 학생회 활동에 시간을 낼 수 없고, 또 전통적으로 임원을 맡아 온 2학년 학생들 가운데선 마땅한 회장감이 없었기 때문입니다. 그러나 한편 걱정이 됐습니다. 교회 일 하느라 취직 못했다는 소리는 듣지 말아야 했기 때문입니다. 9월경 윤미는 어느 대기업에 입사원서를 내고 면접을 치렀습니다. 결과는 불합격. 모두들 의아해했습니다. 윤미가 가진 배경으로 보면 떨어질 이유가 없다는 게 주위 선생님들의 이야기였습니다. 얼마 후에 그 까닭이 밝혀졌습니다. 그 기업에 근무하는 선배 언니의 입을 통해서 알려진 사연은 다음과 같았습니다.

　면접 과정에서 윤미는 이런 질문을 받았다고 합니다.

　"우리 회사는 업무량이 많아서 일요일에도 출근해야 하는데, 가능하겠는가?"

　그에 윤미는 이렇게 대답했답니다.

　"주일에는 출근할 수 없습니다. 그러나 토요일에 밤샘을 하더라도 일은 다 해내겠습니다."

면접관이 다시 물었습니다.

"일요일에 출근하는 것이 불가능하면 합격시킬 수 없다. 그래도 생각을 바꿀 수 없는가?"

윤미는 안타까운 마음을 억누르고 여전히 그렇다고 대답했습니다. 이것이 불합격의 원인이었다는 것입니다.

교사로서 윤미에게 감사하지 않을 수 없었습니다. 그리고 더 좋은 직장을 주실 거야, 하나님은 결코 널 실망시키지 않으실 거야 하고 윤미를 위로했습니다. 그후 IMF 체제를 맞게 되었습니다. 기업들마다 직원 감축에만 매달릴 뿐 신입사원 모집은 꿈도 꾸지 못했습니다. 교사들은 무척 난처해졌습니다. 윤미의 신앙이 자칫 흔들리지 않을까 걱정됐습니다. 그러나 지난 주일 윤미의 웃는 얼굴을 볼 수 있었습니다. 다른 대기업에 취직이 된 것입니다. 그리고 다음 날, 우리는 처음에 윤미가 가려 했던 그 기업이 부도를 냈다는 소식을 들었습니다. 윤미를 사랑하시는 하나님의 깜짝 쇼였습니다. 너무나 완벽한 작품이었습니다. ❀

야망을 버려야 보이는 비전

영진 형, 새해를 맞으며 주님께 대한 헌신을 생각했습니다. 무엇을 어떻게 드려야 할지 막막했습니다. 왜냐면 말은 많지만 삶은 언제나 왜소한 저를 잘 알기 때문입니다. 그러다 문득 떠오른 얼굴이 형입니다. 대학 도서관 구석자리에서 사법고시를 준비하던 형의 모습을 잊을 수가 없습니다. 학교에서 '합격 0순위'로 꼽히던 형을 만난 건 어느 봄날이었습니다. 전도한답시고, 예배에 나오실 수 없느냐 했더니 형이 그랬지요.

"직장생활까지 하다가 이 나이에 대학에 들어온 까닭은 오직 사시 합격 때문이다. 합격증을 받기 전에는 다른 어떤 생각도 하지 않을 거야."

그러던 형이 어느 날 예배시간에 교회를 찾아오셨지요. 형은 "그냥 오고 싶었다"고 했지만 이미 마음으로 많이 갈등하신 뒤의 결정이었음을 알고 있었습니다. 그 뒤 도서관의 형 자리엔 전에 없던 성경책이 놓여 있었고, 성경 곳곳에는 밑줄이 빠른 속도로 늘어났지요. 휴게실에서 차를 마실 때면 언제나 성경에서 본 소중한 구절들을 이야기하셨지요. 그 뒤 시험을 앞두고 고시원에 들어가셨던 형이 우리의 철야모임에 나타나선 대뜸 이런 간증을 해 주셨습니다.

주님을 알고 난 뒤 고민 하나가 늘 따라다녔습니다. 나는 왜 사시에 목숨을 걸고 있나? 전 그 이유를 잘 알고 있었습니다. 가난했던 가정, 어떻게든 남부럽잖은 권세를 가져야 한다는 야심, 난 해낼수 있다는 자신감, 그래서 여기까지 온 것입니다. 그러나 바로 그것이 주님 앞에서 저를 부끄럽게 만들었습니다. 그때 마침 알게 된것이 '보호관찰사'란 제도입니다. 죄를 범한 청소년들이 재범하지 않도록 돕는 일, 나처럼 어렵게 자란 청소년들에게 꼭 필요한 일, 처음엔 그저 좋은 일이다 정도로만 생각했는데 그 생각이 제 마음을 놓지 않았습니다. 그리고 지난 주일, 그러니까 고난주일 예배때였습니다. 헌금시간이 됐는데, 갑자기 이런 마음이 생기더군요. '나를 살리기 위해 당신을 내어주신 하나님께 나는 무엇을 드릴 수있을까?' 이런 생각을 하며 으레 지갑을 꺼내느라 양복 안주머니에 손을 넣었습니다. 지갑과 함께 손에 잡힌 것은 사시 수험표였습니다. 동시에 보호관찰사가 떠올랐고, '그래 이거야' 하곤 결정했습니다. 수험표를 헌금주머니에 담아 버렸지요. 제게는 한낱 야망에 불과한 사법관 대신 보호관찰사가 되기로 작정한 것입니다. 예배당을 나오며 바라본 봄 하늘이 그렇게 아름다운 줄 정말 예전엔몰랐습니다.

　형은 그 해 보호관찰사 시험에 합격했지요. 형! 야망을 비전으로 착각하는 사람들이 있지요. 어쩌면 나도 그 속에 포함돼 있을지 모릅니다. 그것이 단순히 나의 욕망을 채우려는 야망에 불과하다고 깨달았을 때, 나도 형처럼 용기 있게 야망의 수험표를 내던질 수 있기를 기도합니다. 새해는 그렇게 아름다운 마음으로 주님께 저를 드리렵니다. 안녕히 계십시오. ❀

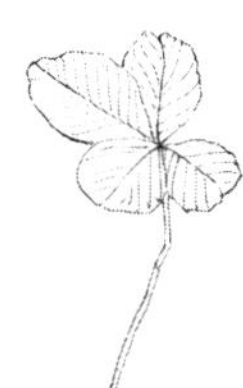

기독교교육은 실패하지 않습니다

일제시대 양정고보를 꼴찌로 졸업한 어느 학생이 스승의 고마움에
감사해서 보낸 편지입니다.

지난 5년을 회고하니 아무것도 인상에 남은 것이 없고, 다만 선생
님께 꾸중 듣고 매 맞은 것밖에 없습니다. 선생님께서도 저를 아마
생전에 못 잊으실 것입니다. 저 역시 학교 다닐 때는 지긋지긋하더
니 이제 나와 생각하니 선생님의 은혜를 무엇으로 갚아야 할지, 그
것은 아마 이놈이 출세하는 수밖에 없을 것입니다. 선생님이 아니
계셨더라면 아마 이놈은 양정고보를 졸업 못하고 불량배가 되었을
것입니다. 선생님께서 어떻게라도 또 담임을 맡으셔 가지고 저 같
은 놈을 있는 대로 다 저와 같이 만드시고, 저에게 하셨듯 일층 더
가혹하게 하셔서 아무쪼록 선생님 사상화하면 선생님 같은 사람이
몇 백 명 될 것이 아닙니까? ……졸업할 즈음 기분이 좋았던 것은
선생님 덕택으로 제일 꼴찌로 졸업하고 또 다른 우인들은 받지 못
한 회초리를 받은 것입니다. 그 달초를 시골에 갖다 잘 보관해 두
고 번뇌가 심할 적에는 그것을 내놓고 본답니다.

또 한 통의 편지입니다.

소생이 학교에 결석만 하고 있었을 때 선생님께서 하숙을 이사하
라던 말씀이 생각납니다. 그 당시에 곧 순종하여 선생님 댁으로 갔
었더라면 어찌 되었을까 하면서, 선생님의 책망과 훈화는 순종치
못하였사오나 선생님이 믿으시는 예수에 대하여 저도 믿기를 작정
하였습니다. 그리하여 충실한 교인이 되고자 힘써 왔습니다.

김교신 선생에게 보낸 제자들의 편지에서 무엇보다 기독교학교 또
는 기독교교육에 대해 새로운 희망을 발견합니다. 학교란 설립자의 의
지도 중요하고, 가르침의 내용도 중요하고, 커리큘럼도 중요하겠지만
무엇보다 학생들 앞에 서는 교사가 '참 그리스도인'이어야 한다는 생
각입니다. 그런 교사라면 어느 환경에서든 진정한 기독교교육을 펼 것
이며, 자연스레 기독교학교의 모습을 꽃피워낼 테니까요.
　기독교교육의 가능성을 묻는 질문에 누군가 이런 대답을 했습니다.
　"기독교교육은 실패하지 않습니다. 사람들이 기독교교육을 하지 않
으면서 기독교교육을 하는 양 착각하고 있을 뿐입니다."

사람이 자연의 이치를 바꿀 수 없네

그게 이치란 거야. 누구나 자기가 필요한 만큼만 가져야 한다. 사슴을 잡을 때도 제일 좋은 놈을 잡으려 하면 안 돼. 작고 느린 놈을 골라야 남은 사슴들이 더 강해지고, 그렇게 해야 우리도 두고두고 사슴고기를 먹을 수 있는 거야. ……꿀벌인 티비들만 자기들이 쓸 것보다 더 많은 꿀을 저장해 두지. 그러니 곰한테도 뺏기고 너구리한테도 뺏기고, 우리 체로키(종족 이름)한테 뺏기기도 하지. 그놈들은 언제나 자기가 필요한 것보다 더 많이 쌓아 두고 싶어하는 사람들하고 똑같아. 뒤룩뒤룩 살찐 사람들 말이야. 그런 사람들은 그러고도 또 길고 긴 협상을 시작하지. 조금이라도 자기 몫을 더 늘리려고 말이다. 그들은 자기가 먼저 깃발을 꽂았기 때문에 서서히 죽어 가는 셈이야. 하지만 그들도 자연의 이치를 바꿀 수는 없어.

인디언으로 자라난 포리스터 카터가 쓴 《내 영혼이 따뜻했던 날들》(아름드리미디어)에서 옮긴 구절입니다. 인디언의 삶이 현대인들에게 부쩍 많은 관심을 끄는 까닭은 이런 삶의 자세들, 곧 자연이라고 말하는 하나님의 창조세계, 그 질서를 존중하기 때문입니다.

창조주이신 하나님의 눈으로 세상을 보면 그 일그러진 모습에 금세 마음이 상해집니다. 다툼과 상처로 얼룩진 세상은 승자와 패자만 있습니다. 지키기 위해 더 많은 힘을 쌓아야 하는 세상의 법칙은 서로 더욱 첨예한 경쟁을 부추기며 오르는 에스컬레이터 같습니다. 그 결국은 붕괴이며 모두가 망하는 것일 텐데 말이지요.

하나님의 질서란 성경이 말씀하시는 질서입니다. 그 질서 속으로 들어서는 것이야말로 믿음에 이르는 것이지요. 하나님의 질서가 존중되는 의인들의 세계에서는, 세상이 가치 있게 여기는 많은 것들이 아마 그 가치를 그대로 지니고 있지 못할 것입니다. 그러므로 세상에 사는 의인들은 세상의 가치로 보면 하찮은 존재일 수도 있습니다. 그럼에도 그 하찮음을 용기 있게 수용하는 태도야말로 우리의 믿음이 할 일입니다. ❀

군인이 명령을 어기는 법

'노근리 양민학살사건' 을 아시지요? 이 사건은 반세기를 지나서야 비로소 세상에 드러났습니다. 당시 양민들에게 총을 쏘았던 미군 데일리 씨가 그 처절했던 상황을 증언하기 위해 다시 한국 땅을 밟았기 때문입니다. 그는 증언을 통해, 군인으로서 명령을 따르지 않을 수 없었다며 마음 아파했습니다. 열아홉 살 때 겪은 이 몸서리치는 기억을 가족들에게도 차마 꺼내지 못한 채 혼자서만 가슴에 묻고 살아온 50년 세월을 고백했습니다. 어쩌면 역사의 희생자일지 모를 데일리 씨에게 한 소설가는 다음과 같은 편지를 적어 신문지상에 실었습니다.

데일리 씨 상부 명령이 큰가요, 양민 목숨이 큰가요? 당신도 정답을 알고 있었던 것 같군요. "어린이와 노약자를 쏘라는 명령을 차마 따를 수 없어 굴다리 벽 쪽으로 총을 쐈다"고 했으니까요. …… 군인이 어떻게 상부 명령을 어기느냐고요? 명령을 어긴 정도가 아니라 상부를 아주 두들겨 팬 사람도 숱한 걸요. 십자가군병 루터는 벌써 500년 전에 몸 붙여 살던 교회를 두들겨 팼고, 프랑스 시민군들은 200년 전에 조국을 두들겨 팼어요. 새 밀레니엄은 현명한 시민이라면 악법을 준수하는 대신 악법의 제정 주체를 두들겨 패는 시대가 될 것으로 나는 믿어요. ……사람 목숨보다 중하게 여겨지던 조직을 쳐부수는 시대라고 나는 믿어요.

노근리 사건 속의 데일리 씨. 그가 가졌던 갈등의 본질은 이 편지의 지적처럼 잘못된 조직과 인간의 존엄성에 대한 갈등인지 모릅니다. 잘못된 조직의 근본세력이 무엇이든 인간의 존엄성은 창조주의 존재에 기초합니다. 이는 이기주의 · 민족주의 · 박애주의로 확장되는 인간의 모든 애착들이 궁극적으로는 하나님께로 귀착되어야 옳음을 의미합니다. 하나님께 애착을 갖는 것, 그래서 그분의 '헌장' 에 순종하는 것이야말로 이 다양한 애착들의 대의를 만족시킬 수 있으며 비로소 역사를 넘나들며 자유를 가져다주기 때문입니다. 하나님의 법을 거스르는 어떠한 조직적 압력에도 저항해야 할 사명, 우리가 물려받은 순교신앙의 표현방식입니다. ❀

누가 글씨로 장사한대?

한 디자이너의 한글 사랑 이야기입니다. '산돌'이라는 이름으로 나오는 글씨체들을 보신 적 있을 것입니다. 그저 명조에 고딕이 대부분이던 시절, 그는 새로운 한글 글꼴이 필요하다는 판단을 했습니다. 영어만 보더라도 상황에 맞게 활용할 수 있는 서체들이 얼마나 다양합니까? 그런데 한글은 그렇지 못했던 것입니다. 디자이너로서 이렇게 중요한 부분을 알고도 모른 체 지나칠 수 없었습니다.

그러나 쉬운 길이 아니었습니다. 많은 시간이 걸려야 했고, 아무런 기초도 없이 새로 시작해야 할 개척의 길이었습니다. 그럼에도 누군가 걸어야 할 길이었고, 언젠가는 꼭 필요해서 다들 안달해야 할 시기가 올 것이 분명했습니다. 알면서도 고난의 길이라 피한다는 게 그의 양심을 괴롭혔습니다. 결국 그렇게 발걸음을 정하고 지금까지 20년 가까운 세월을 한결같이 걸어왔습니다.

힘든 시간이었습니다. 잘나가는 친구들의 세계를 넘보면서도 마음 흔들리지 않았던 것은 그의 속에 우직한 한 길을 가르쳐 준 성경 때문이었습니다. 그 시간 그는 목회자의 길을 준비했습니다. 컴퓨터가 널리 보급되면서 한글 서체 제작에 나서는 사람들도 서서히 늘어났습니다. 그러나 장삿속으로 시작한 일이 아니었기에 그의 개척기는 훨씬 진국입니다.

 그리고 지금, 컴퓨터가 없어선 안 될 중요한 필수품이 된 오늘에서야 그의 일은 드디어 '돈'이 되기 시작했습니다. 이제 글씨체 개발에만 몰두해도 될 시점에 이른 것입니다. 사람들은 "이게 글씨냐?"며 노골적인 욕을 해 대기도 하지만, 그런 글씨들이 특별한 분위기 속에서 진가를 발휘할 때면 속으로 웃을 수 있었습니다. 지금도 여전합니다. 누가 글씨로 장사한대? 그렇게 다져온 마음속 근력이 지금도 내성을 유지해 줍니다.

 그렇게 우직하게 한 길, 양심이 자유로운 그 길을 걷는 이들 또한 우리 시대의 들꽃입니다. 활짝 피기까지는 누구의 눈길도 받지 않기로 작정한 그런 꽃들이 흐드러지게 피어나길 기대해 봅니다. ✺

우리 동네 '돌팔이' 선생님

감기에 걸린 아이를 데리고 소아과에 다녀온 아내가 또 투덜거립니다. 언제나 소아과에만 다녀오면 나타나는 반응입니다. 아내가 보기에는 아이 감기가 심한 것 같고, 해서 약을 좀 강하게 쓰고 주사라도 놔주면 빨리 나을 것 같은데 의사 선생님은 매번 약만 처방해 주시곤 돌려보낸다는 것입니다. 아내는 그러다 '돌팔이' 란 결론을 내리고서야 그칩니다. 그런데도 아내는 아이가 조금이라도 이상하면 꼭 그 소아과를 찾습니다. 그 건물 주위에 다른 소아과가 줄줄이 자리잡고 있는데도 늘 그 의원만 찾는 것입니다. 그때마다 저는 한마디씩 던집니다. 또 돌팔이 선생 찾아갈 거냐고. 그러면 아내는 입을 삐죽이면서도, 그래도 그 선생님이 우리 아이를 제일 잘 아는 걸요 하고 말합니다.

그러나 그것보다도 그 소아과를 꼬박꼬박 찾는 데는 정작 다른 이유가 있습니다. 믿을 만하다는 것입니다. 좀처럼 주사를 놓지 않고 가능하면 적은 분량의 약으로 치료하려는 의사 선생님이어서 그렇답니다. 자기 아이처럼 돌봐 주는 웃음과, 또 그런 의사 선생님 앞에서 이젠 울기보다 장난부터 치려 드는 세 살배기 아이의 편안해하는 마음이 좋아서 그렇답니다.

언젠가 아내와 함께 아이를 데리고 그 소아과를 찾았습니다. 젊은 분답지 않게 듣던 것처럼 참 순하게 생기셨습니다. 더욱 뿌듯했던 건 그분 책상 위에 놓인 성경 때문이었습니다. 사람의 병을 궁극적으로 고치시는 분이 하나님이라는 무언의 선언을 듣는 듯했습니다. 우리 마을에 이 소아과가 없다면 하고 가정하면 불안해지기까지 합니다. 이제 이 소아과 앞을 지나면서 감사한 마음을 가집니다. 모든 그리스도인들이 자기가 일하는 곳에서 그렇게 정성껏 하나님을 생각하면서 주님께 대하듯 이웃을 섬긴다면 이 세상은 지금보다 훨씬 살기 좋아질 것이라 믿습니다. ❀

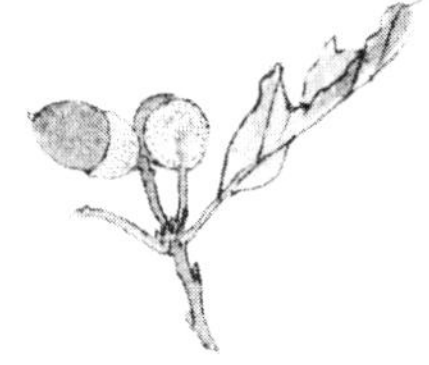

'큰 나'를 기다립니다

일본의 소설가 미우라 아야코의 글은 삶에서 경험하고 명상한 이야기들이 글의 뼈대를 형성한다는 점에서 우리에게 주는 독특한 매력이 있습니다. 《살며 생각하며》라든지 《이 질그릇에도》 등의 신앙수필 속에는 온통 그런 주옥같은 이야기들이 빼곡이 들어차 있습니다. 그리스도인의 양심과 정직한 생활 모습들이 엿보이고, 이런 생활이 어떤 결과를 가져오는지 잘 보여 줍니다. 때로는 한 영혼이 그리스도께로 돌아오는 벅찬 기쁨에 이르기도 합니다. 실제로 아야코의 글을 읽고서 참 많은 사람들이 그리스도인이 됐다는 이야기도 들립니다. 다음 이야기는 모든 이들에게 읽어 주고 싶은 감동을 가지고 있습니다.

작은 마을에서 소규모 잡화점을 운영하던 아야코는 어느 날 두부 한 모를 팔고서 무척 당황합니다. 금방 들여놓은 두부인데도 여름이어서 그런지 상한 듯한 냄새를 풍겼습니다. 그런데 그 상한 두부를 팔았던 것입니다. 아야코는 헐레벌떡 두부를 사 간 집으로 달려갑니다. 그러나 이미 그 두부를 넣어 만든 찌개를 아기까지 먹고 난 뒤였습니다. 아야코는 그날 종일 이 집을 오가면서 혹시 일어날지 모를 사태에 대비했습니다.

동네가게라서 그러겠거니 여길 수도 있겠지만, 이것은 우리들이 잃어버린 상인의 양심입니다. 농약으로 키운 콩나물을 파는 사람들, 농약 때문에 내가 먹을 과일과 시장에 출하할 과일을 분리해 재배하는 사람들, 적어도 그들과 아야코는 얼마나 다른지요.

세상은 아야코 같은 나를 요구하는 듯합니다. 아무리 정치가 비뚤어지고 경제가 엉망이어도 그 모든 헝클어진 세상을 풀 수 있는 실마리는 결국 아야코 같은 '나들'이기 때문입니다. 위대한 한 사람이 부족한 시대입니다. 그러나 내가 하나님의 뜻을 행하려 하기만 한다면 나는 이미 세상 어떤 힘보다 강한 영향력을 소유하는 것입니다. 아야코의 글은 이런 진리가 증명되는 현장이라서 추천하고 싶습니다. ✽

선교사가 된 탁구 선수

조간신문에서 활짝 웃는 그녀를 보았습니다. '녹색 테이블의 여왕'으로 우리에게 잘 알려진 양영자 선수. 그녀는 지금 남편과 함께 선교사가 되어 새로운 삶을 만들어 가고 있습니다. 우리는 경기가 끝난 뒤 코트에 꿇어앉아 기도하던 그녀의 아름다운 모습을 기억합니다. 은퇴 기사와 함께 사라져 버린 그녀의 소식은 뒤이어 '선교사 양영자'가 되어 몽골로 떠났다는 기사였습니다. 그렇게 사람들 기억에서 조금씩 잊혀졌던 이름입니다.

그녀가 탁구 선수로 한창 전성기에 있을 때 이런 기사 한 토막이 신문에 실렸습니다. 아마 동구 공산주의가 붕괴되기 전이었을 것입니다. 그때 우리 국가대표팀은 전원이 그리스도인이었고, 그들은 매일 함께 모여 기도하면서 팀워크를 다졌다고 들었습니다. 더욱이 경기가 없는 날이면 모두들 관중석으로 가선 미리 준비해 온 전도책자를 가지고 복음을 전한다는 내용이었습니다. 그들이야말로 최초의 동구권 평신도 선교사들이었던 셈입니다. 경기 결과도 좋았지만 순수하고 열정적인 그들 신앙이 그리스도인들의 마음을 무척 감동시켰습니다.

탁구 선수로 활약하면서 그녀는 이미 선교사 훈련을 받아 온 것일까요? 아니면 예수님을 모르는 영혼들에 대한 안타까움을 품어 온 것일까요? 은퇴와 함께 선교사가 되어 우리에게 다가온 그녀의 삶은 이렇게 아름답습니다. 묵묵히 가야 할 길을 한 걸음 한 걸음 걷고 있는 그녀에게서 우리의 믿음을 어떻게 표현하며 살아야 할지 배우게 됩니다.

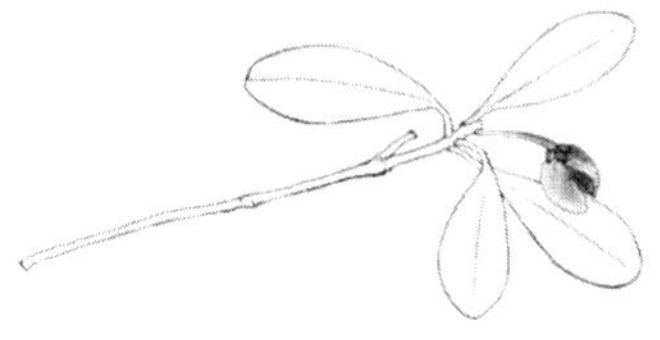

밤새 내린 또 다른 폭우

맑은 하늘이 어젯밤 아무 일도 없었다는 듯이 웃고 있습니다. 과거를 이야기하는 텔레비전 속엔 '게릴라성'이란 수식어를 동반한 폭우의 상흔이 드러나고 있습니다. 많은 목숨과 재산을 앗아가면서 이 재난은 아무런 준비 없이 살아온 우리네 자화상을 드러내 줍니다. 그러나 그 폭우가 쏟아지던 시간, 저는 빗줄기만큼 굵은 눈물을 흘리며 기도의 밤을 보내는 십대들과 함께 있었습니다.

중·고등부 학생들의 여름수련회 현장이었습니다. 설교자는 '요나'의 삶을 설명했습니다. 니느웨 성으로 가서 회개를 촉구해야 할 요나가 하나님을 피해 다시스 행 배에 오른 사건. 그 배가 큰 풍랑을 만났고 풍랑의 원인이 한 사람, 바로 요나의 불순종 때문이었음을 설명했습니다. 요나는 그 상황을 깨닫고 나서 자신을 바다에 던질 것을 주장했고, 이것이 예수 그리스도의 십자가에 닿아 있음을 설교했습니다. 그리고 오늘 우리 민족에게 주신 여러 가지 아픔도 따지고 보면 그리스도인들의 자각과 회개, 그리고 십자가의 부재에 기인한다고 했습니다.

2,000명에 이르는 청소년들은 이날 저녁, 그 굵은 빗방울 속에서 여

린 마음속 깊이 설교의 의미 하나 하나를 받아들이고 있었습니다. 빗물에 축 젖어 버린 온몸으로 진흙탕인 바닥에 무릎 꿇은 그들은 한 시간이 넘도록 울부짖었습니다. 그들의 학교와 교회와 가정의 아픔이 자신의 그릇된 신앙 때문이었음을 고백했습니다. 그러고 나서 그들은 날마다 학교를 위해 기도하기로 헌신했습니다. 방학 동안 매일 한 시간씩 교회에 모여 부흥을 위해 기도하기로 했습니다. 계속되는 천둥으로 그들의 기도하는 모습이 또렷한 윤곽으로 그려졌습니다. 세례였습니다. 나를 버리고 그리스도의 삶을 살기로 선언하는 그 소중한 헌신에 대해 하나님이 주신 빗물의 세례였습니다.

이런 이야기가 떠올랐습니다. 아프리카의 한 교도소에서 한 차례 성령의 은혜가 내린 뒤 죄수들이 침례를 받고 싶어하자 갑자기 하늘에서 큰비가 내림으로써 세례를 대신했다는 이야기입니다. 어젯밤 내린 비는 아마 그런 의미까지 동반한 비였을 것입니다. 텔레비전에서는 여전히 우리 죄에 대한 심판인 듯 집이 무너지고 논이 잠기는 장면을 비추고 있습니다. ❀

참 감사한 세월이었지요

아무리 생각해도 모진 가문이었습니다. 조상들은 대부분 단명했고, 그걸 막아 볼까 싶어 푸닥거리도 여러 차례 했습니다. 그녀는 이런 가문에 시집 왔습니다. 어려서부터 신앙을 가진 그녀가 지독스런 불신 가정에 시집 온 것입니다. 시집 온 날 시어른들은 그녀가 들고 온 성경책을 발견하고는 "집안 망치려고 왔느냐"며 그렇게도 소중히 여기던 성경책을 불태웠습니다. 몰래 교회에 나가 예배를 드리다가 남편에게 머리끄덩이를 잡혀 끌려간 일도 적지 않았습니다. 그런 일이 있는 밤이면 남편은 잠을 못자고 스스로 화가 치밀어 부엌칼을 들고 와선 그녀의 목에다 대고 "교회 다니면 너 죽고 나 죽고 목사도 모두 죽이겠다"며 위협했습니다. 주일이면 예배를 드리고 싶어 가슴이 미어졌습니다.

세월이 흘렀고 서울로 이사를 오게 됐습니다. 아들도 낳고 딸도 낳았습니다. 얼음 같던 남편 마음이 바뀌기 시작한 것은 목사님과의 관계 때문이었습니다. 새벽기도를 드리러 남편 몰래 가끔 나가던 교회의 목사님이었습니다. 알코올 중독자인 남편과 이 얘기 저 얘기를 나누면서 남편은 아내의 교회 출석을 용납하기 시작했습니다. 조금 더 시간이 흘러 남편은 그녀가 새벽에 늦잠을 자기라도 하면 깨워서 교회 안 가느냐고 묻기도 했습니다. 시아버지는 중풍으로 세상을 뜨면서 예수를 구주로 영접했습니다. 시어머니 또한 목사님의 기도로 병을 치료한 뒤로는 교회 출석에 열심을 내기 시작했습니다. 이제 남편이 세상을 떠났습니다. 다행히 주님을 영접하였습니다. 남편 장례식에 참석한 친척들이 이 집안 사람들의 변화된 모습을 보며 개종을 하기도 했습니다. 지금 자녀들은 교회에서 청년회 회장으로 교사로 성가대로 봉사합니다. 그녀가 시집 온 지 이제 30년 세월을 보내며 이 캄캄했던 세월에 대해 감사한다고 말합니다. 다시 또 그렇게 살라면 망설여지지만 아무나 누릴 수 없는 감사의 세월이었음을 부인할 수 없다 했습니다.

우리는 아브라함을 보며, 요셉을 보며 복의 근원이 되는 '한 사람'의 가치를 이야기합니다. 주 예수를 믿으면 가정이 구원받을 것이란 약속도 받았습니다. 그러나 모든 일이 그렇듯 그 과정은 한 사람의 눈물과 고통을 그렇게도 집요하게 요구합니다. 씨 뿌림 없이 결실은 없으며, 피 흘림 없이 죄 사함도 없기 때문입니다. 십자가입니다. 무엇보다 그리스도인은 십자가를 짐으로써 주님의 길을 따르기 때문입니다.

티베트에서 생긴 일

글래디스 아일워드는 중국에서 활동한 선교사입니다. 중일전쟁이 한창이었을 때 펑지엔 지방으로 피란을 떠났지요. 거기서 그는 우연히 옆방 학생들의 기도 소리를 듣게 되었습니다. 학생들은 티베트의 지도를 펼쳐 놓고 '누군가' 그 지역에 들어가 선교할 수 있게 해 달라는 기도를 하고 있었습니다. 아일워드는 그 시간 말할 수 없는 감동을 느꼈습니다. 학생들이 기도하고 있는 그 '누군가'를 자신으로 받아들이고 있었습니다. 이날의 사건과 함께 아일워드는 티베트로 떠났습니다. 그러나 문제가 생겼습니다. 티베트로 떠난 지 열흘이 지났지만 아무도 만날 수 없었습니다. 지친 몸으로 땅바닥에 앉아 찬송을 불렀습니다. 이때 두 명의 라마승이 아일워드 앞에 나타났습니다.

"우리는 당신을 오래 기다려 왔습니다."

산속에는 라마 사원이 있었습니다. 그곳에서 융숭한 대접을 받은 뒤 500여 명의 라마승들이 정좌하고 있는 뜰로 인도됐습니다. 그는 초조한 마음으로 강단에 섰습니다. 찬송을 부른 뒤 예수님의 탄생을 이야기하고, 다시 찬송을 부르고 또 성경을 이야기하고, 그런 식으로 집회는 밤늦게까지 계속됐습니다. 숙소에까지 찾아와 성경에 대해 묻는 이들도 많았습니다. 아일워드는 마지막 날 밤 주지승과 대면했습니다. 그리고 왜 자신에게 라마승들 앞에서 말하게 했는지, 이해할 수 없었던 물음을 던졌습니다. 주지승은 그동안 있었던 일을 들려주었습니다.

"어느 해인가 감초를 팔려고 도시에 갔던 몇 명이 돌아오는 길에 저 쪽지(요한복음 3장 16절이 인쇄된 전도지)를 받아 왔어요. 우리는 세상을 사랑하는 하나님이 계시다는 걸 알았습니다. 5년간 저것을 읽었지만 더 이상 진전이 없었습니다. 다시 수도승이 더 자세한 것을 알기 위해 순례길을 떠났는데, 그가 책(신약성경) 한 권을 구해 왔습니다. 우리는 그 책을 읽었지만 이해할 수 없었습니다. 단지 '너희는 온 천하에 다니며 만민에게 복음을 전파하라' 는 구절을 알게 되었지요. 이 구절이 사실이라면 언젠가 우리에게 누군가가 찾아올 것이란 확신이 들었습니다. 그로부터 3년이 지났고, 오늘 나무하러 내려간 두 명의 승이 노래 소리를 듣고 당신이 그분의 사자임을 금세 알아챘던 것입니다."

아일워드 이야기는 마치 꼭 들어맞는 퍼즐을 푸는 느낌을 줍니다. 그러나 이 세상은 온통 모순들로 가득함을 봅니다. 이해할 수 없는 일들이 곳곳에서 일어나기 때문입니다. 그럼에도 거기 하나님이 계심을 신뢰하는 것, 그래서 모순의 정리를 기대하며 갈 바를 정하는 일이 곧 신앙이라 여깁니다. 그렇다면 세상을 사는 성도의 할 일은 성경을 통해 세상 읽는 눈을 키우는 것입니다. 그 투명한 눈빛을 유지하는 일을 일컬어 하나님과의 동행, 곧 '성령충만' 이라고 표현한다면, 우리는 이 충만한 성령을 호흡함으로써 비로소 자유인이 되는 것입니다. ✳

조폭 운전기사

처음 만났을 때 과연 그이가 목사님의 차를 운전하는 기사인지 의아했습니다. 뉴스 시간에나 나올 법한 어깨들의 몸집, 팔뚝에 난 문신자국과 상처들……. 목사님의 기사로는 도무지 어울리지 않는 외모였습니다. 어떤 경로를 밟고 여기까지 이르렀는지, 그 사연을 다 듣고 나서야 고개를 끄덕일 수 있었습니다.

먼저 그의 아내가 교회에 나오기 시작했습니다. 자연스럽게 남편의 과거(?)를 이야기했나 봅니다. 아무 일거리도 못 찾아 딱하게 소일하는 남편이 안쓰러웠고, 게다가 우리 사회의 좁고 얕은 품으로는 남편과 같은 전과자들이 일자리를 얻기란 애초에 힘든 현실이었습니다. 아내는 그이가 또 잘못된 길을 가지 않을까 조마조마한 심정으로 나날을 보냈습니다.

그러던 어느 날 목사님이 전화를 했습니다. "나와 같이 다니자"는 제안을 한 것입니다. 목사님은 여름과 겨울이면 청소년들이 모이는 수련회의 강사로 참여하는 일이 잦았습니다. 자연스럽게 장거리 여행이 늘었으며 함께 있는 시간도 그만큼 많았습니다. 목사님은 목사님대로 그와 함께 있으면 도움이 됐습니다. 말 하나, 행동 하나에도 거듭 생각하는 버릇이 생긴 것입니다. 말 한 마디에도 쉽게 상처받을 수 있는 사람이 늘 옆에 있었기 때문입니다. 신앙이 연약한 그로선 목사님의 이런 말과 행동거지 하나하나가 큰 영향을 끼쳤습니다. 목사님의 모습을 통해 그는 하나님을 사랑하게 됐다고 말합니다. 그 사이 둘은 친구 같기도 하고 스승과 제자 같기도 한 관계로 발전했습니다.

며칠 전 목사님이 그이에게 부탁했습니다. 청소년들 앞에서 간증을 하도록 한 것입니다. 처음엔 사양하다가 결국 그렇게 하기로 했습니다. 수많은 아이들 앞에서 그는 이제 비로소 삶의 즐거움을 찾았고, 의미 있는 삶이 무엇인지 알게 됐음을 고백했습니다. 간증 모임이 끝난 그날 밤 집회장소에서 돌아오기 위해 차에 오르려는데 남학생 한 명이 달려와 상담을 청했습니다. 폭력 조직에서 나오고 싶은데 쉽지 않다는 고백이었습니다. 어떻게 해야 할지 물었습니다. 한참을 고민한 뒤에 나온 그의 대답은 이랬습니다.

"한 번은 돌림(집단구타)을 당해야겠지. 그러나 그 순간에 예수님을 생각해. 예수님의 새 조직에 들어가기 위한 통과의례라 생각하면 그 시간이 그렇게 길지만은 않을 거야."

디트리히 본회퍼는 '값싼 은혜'를 말했습니다. 우리 신앙의 나약함은 어쩌면 '통과의례' 조차 없이 하나님의 은혜를 누리기만 하려는 데서 생겨난 것일 수 있습니다. 값을 치른다는 것은 소유를 확인하는 절차이며, 하나님의 은혜는 곧 십자가라는 혹독한 값의 결과입니다. 그러나 우리가 지닌 값싼 은혜의 문제점은 그것이 지닌 십자가의 사랑과 감동을 '싸구려'로 떨어뜨리는 데 있습니다. 하여 그 은혜에 대한 감사의 표현인 삶마저 공허하거나 싸구려 수준에 머물 우려가 있습니다. 곧 은혜 입은 자가 마땅히 가져야 할 삶을 소유하지 못하는 것입니다.

누가 그걸 모릅니까?

유난히 고집이 센 한 형제를 알고 있습니다. 몇 년 전 IMF 당시 대학생이었던 형제는 기도 모임에서 취업을 위해 기도했습니다. 그러나 그의 기도 제목은 어딘지 모르게 조금 황당했던 기억이 있습니다. IMF로 경제가 얼어붙고 일자리를 잃은 사람들이 길거리로 쏟아져 나오는 판국에 그 조건이 너무 까다로웠던 것입니다. 주일은 철저히 쉬어야 하고, 대기업이 아닌 중소기업이어야 하며, 사장이 기독교인이어선 안 되고……. 그러니까 대기업에선 조직의 힘이 강해서 개인의 의지를 충분히 실천할 수 없고, 주일마저 노동을 요구하는 기업주 밑에선 최선을 다할 수 없을 것이라는 게 형제의 생각이었습니다. 또 기독교인 사장에 의한 기독교기업도 좋지만 복음을 전하기 위해선 그렇지 않은 기업이어야 한다는 것이었습니다. 어쨌든 그 어려운 상황에서도 형제는 그가 원하는 직장에 들어갔습니다.

다시 한 해가 지났습니다. 그간 형제에게 참 많은 사연들이 오갔습니다. 사장이 권하는 술잔을 거부한 일이 있었고, 이 일로 도리어 사장의 신임을 얻게 됐습니다. 회사가 어려워지자 주일 근무를 강요하기에 이르렀는데 형제는 다른 날은 몰라도 주일 출근만은 끝내 거절했습니다. 이런 과정에서도 형제는 회사에서 차츰 두터운 신임을 얻게 되었고, 결국 회사 정책 결정의 깊숙한 곳까지 참견하는 위치에 이르게 됐습니다. 여기서 형제는 말 못할 고민이 한 가지 생겼습니다. 회사가 무척 큰 부정을 저지르면서 움직이고 있음을 알아챈 것입니다. 부정을 기반으로 운영되고 있었던 것입니다. 사장에게 직언을 하기도 했지만 회사의 기반이 흔들리는 문제였기에 이번만은 받아들여지지 않았습니다. 결국 형제는 사직서를 내고 말았습니다.

이 어려운 시절에 어떡하려고 직장을 그만뒀느냐 물었습니다. 대답이, 그렇다고 양심을 속이면서 직장생활을 할 수는 없지 않느냐는 것입니다. 더구나 자신이 기독교인임을 선언하고 들어간 회사에서 부정을 저지르면서 일하는 모습을 보일 수는 더더욱 없는 노릇이란 것입니다.

그 말이 맞지요. 그러나 누가 그걸 몰라서 부정을 행하나요? 알면서도 이런저런 이유 때문에 눈 지그시 감고 그렇게 세상의 물결에 휩쓸려 흘러가는 것이지요. 양심을 속이지 않는 모습, 그리스도인으로서의 명예를 더럽히지 않으려는 모습, 그것을 위해 세상 사람들이 부러워하는 것까지 아낌없이 내던지는 모습, 그런 형제의 모습이 참 아름답습니다. ❀

나의 길은 따로 있다

　현철이가 교회에 나오기 시작한 것은 2년 전입니다. 친구의 권유 때문이었습니다. 고등학교 3학년, 당장 입시 걱정을 해야 하는 시기였지만 그는 누구보다 열심히 교회생활에 정을 붙였습니다. 하나님을 더 많이 알고 싶어 안달하는 현철이 모습을 보며 교사인 우리가 오히려 고마웠습니다. 주일 저녁 그와 둘이서 성경공부를 시작한 까닭도 그런 아름다운 열심이 좋았기 때문입니다.

　그가 주님을 깊이 알아 가면서 나타난 큰 변화 가운데 한 가지는 진로를 수정한 것입니다. 꼭 대학에 가야 할 까닭이 무엇인지 고민하기 시작한 것입니다. 누구나 으레 가야 하는 진로쯤으로 생각해 왔으나, 이제 눈을 뜨고 보니 그런 식으로 자신의 미래를 결정해선 안 된다는 판단이 생긴 것이지요. 교사인 저조차 현철이의 이런 결심을 보면서 안타까운 마음이 생길 정도였습니다. 그래서 대학에 진학한 뒤에 주님의 뜻을 기다려 보자고 설득했지만 현철이는 졸업과 함께 직장생활을 시작할 결심을 굳히고 있었습니다. 혹 저러다 후회하지 않을까 염려도 했습니다.

　현철이는 그 뒤 교회 청년부에서 활동하며 또 무엇에 몰두하는 듯했습니다. 그리고 다시 한 해가 지나고, 엊그제 현철이가 보낸 편지를 받았습니다.

"선생님 저 ○○대학교 교회음악과에 합격했습니다. 무척 하고 싶었던 공부입니다. 작년 한 해 동안 직장생활하면서 열심히 준비했는데 합격이 돼 기쁘기 그지없습니다. 무척 가고 싶었던 학과여서 훨씬 잘할 수 있을 것 같습니다."

직장 없이 대학을 졸업하는 후배들을 많이 봅니다. 푹 고개 숙인 그들을 보면 안타깝기 그지없습니다. 무슨 말로 위로할까 기도했습니다. 그 대답을 현철이의 편지에서 비로소 찾습니다. 사람들이 으레 밟고 따라가는 과정을 거부하며 내가 무엇을 해야 할지 찾기 위해 시간을 바칠 수 있는 용기, 그리고 궁극적으로 내 인생을 하나님 앞에서 어떻게 살아야 할지 우선 판단하는 신앙……. 우리에게 이런 마음가짐만 있다면 실망하거나 포기할 까닭은 없음을 알았기 때문입니다. ❁

판소리 예수전

1972년으로 기억된다. 당시 초동교회 목사이던 조향록 목사와 동아방송 극작가 주택익 씨가 전화를 걸어왔다. 종로 디즈니다방으로 갔다. 불쑥 방송대본을 내밀었다. 예수님 이야기를 창으로 해 달라는 것이었다. 결코 안 될 일이구먼유, 벼락 맞을 짓이지유. 그렇게 대답하며 극구 사양했다. 그러나 다시 머리를 굴리며 생각해 보니 이보다 더 좋은 기회가 없었다. 라디오가 TV보다 인기 있던 시절이었다. 대본은 예수의 탄생부터 부활까지를 담고 있었다. 신기했다. 대본을 외고 틈나는 대로 성경도 읽으며 지식을 넓혀 갔다. '따끈한 예수'를 느끼고 싶었던 게다. 품속에 원고를 언제나 넣고 다녔다. 내가 예수전을 창으로 한다니 신문마다 난리였다. 어떤 기독교인은 광대가 감히 성경을 창으로 한다고 항의도 했다. 그러나 열심히 준비했다. 장장 네 시간에 걸친 공연이었다. 반응은 좋았다. 교회에서 감사편지를 보낸 곳도 있었다. 나를 판소리 전도사라고 불렀다. 이런 칭찬은 그러나 나 자신의 변화에 비하면 아무것도 아니다. 예수전을 하며 나는 비로소 예수에 눈뜨고 있었다. 그리고 그분이 내게로 오셨다. 나를 예수쟁이로 만들어 가신 것이다.

〈기독신문〉에 실린 명창 박동진 선생님의 간증입니다. 평생 소리만 하다 그 소리 때문에 주님을 알게 되고, 그 소리로 다시 주님을 세상에 전하며 여생을 보내셨다는 소문을 들었습니다. 문득 《벤허》를 쓴 작가가 한때 '성경의 허구'를 캐기 위해 성경에 파묻혀 있다가 어느 날 도서관 바닥에 꿇어 예수를 향해 '나의 주님'이라 고백했다는 이야기가 떠올랐습니다.

수많은 사람들을 무릎 꿇게 한 주님의 삶을 새삼 반추했습니다. 주님의 삶을 가로지르는 비밀은 무엇일까, 또 무엇이 그토록 강한 힘이어서 사람을 움직이고 세상을 이끌어 가는가? 그 비밀을 물어보는 일이야말로 그분께 이르는 길이라 생각합니다. ❋

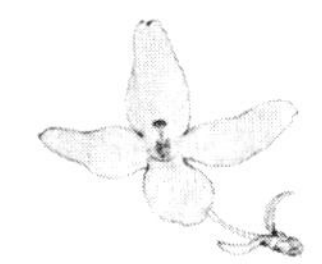

하나님 보여 주기

한 시골 마을 교회가 50주년 잔치를 엽니다. 마을 사람들, 이웃 교회 목사님들이 함께 자리해 50년간의 이야기들로 꽃을 피웁니다. 그들 모두 20년 전 이 교회에서 목회를 하셨던 한 전도사님 얘기를 빼놓지 않습니다. 김 전도사님, 그에 대한 추억담은 마치 한 사람의 성자를 보는 듯합니다.

무엇보다 그는 겸손한 모습으로 기억됩니다. 겸손이란 사람을 대하며 한결같은 태도를 가지는 것입니다. 어린이, 청소년, 노인 등 교회에서 소외 받기 쉬운 이들에게까지 정성을 다한 이야기들입니다. 학생들과 과수원에서 일을 하다가 어느 학생의 눈에 티끌이 들어갔는데 좀처럼 나오지 않아 전도사님에게 도움을 구했더니 그 학생 눈에 자기 혀를 넣어 빼내 주더랍니다. 전도사님은 누군가로부터 칭찬 듣는 것을 못견뎌 했답니다. 조금이라도 자신의 이름이 나타나는 것을 꺼려해 헌금 보고 때조차 생경한 사모님 이름을 불렀다고 합니다. 어린이들이라도 만나면 고개를 꾸뻑 숙여 인사했답니다. 신학 공부를 더 해서 목사가 되고자 했지만 교인들이 붙잡는 통에 교회를 떠날 수도 없었습니다.

나중에 장로로 물러나 교회를 섬겼는데, 이때는 과수원농사를 지었다 합니다. 여름밤에 동네 아이들이 과수원에 들어와 서리하는 것을 보면 그는 손전등 불빛을 아이들이 들어온 구멍을 향해 비췄다고 합니다. 급하게 도망하다 탱자나무 가시에 찔리지 않도록 하려는 배려였습니다. 김 전도사님에 대한 좋은 인상 때문에 마을 주민들은 자녀들도 전도사님 같은 목사가 되는 것이 소원이었다고 합니다. 실제로 김 전도사님 밑에서 신앙생활을 했던 학생들 가운데 열네 명이 목사가, 다섯 명이 목사의 아내가 됐습니다. 그들은 목사로서 필요한 삶의 모델을 이미 전도사님에게서 모두 배웠다고 말합니다. 곤경에 처하기라도 하면 '전도사님은 어떻게 하셨을까' 생각하면 문제가 풀린다고 할 정도지요.

목회를 한다는 것은 주님을 보여 주는 일인지 모릅니다. 눈으로 볼 수 없는 주님을 목회자가 그분처럼 살아서 그를 통해 주님이 어떤 분이셨는지 보여 주는 일, 목회란 아마 그런 것일 겁니다. 육신으로 오신 하나님을 보여 주셨던 것이 주님의 목회 방식이었던 것처럼 말입니다.

(이야기의 주인공 김진모 장로님은 은퇴 후 미국에서 아들과 함께 계십니다.)

시편 23편

옆모습이 돌아가신 아버지와 닮아서인지 늘 가까이 모시고 싶었던 분입니다. 배운 것 많지 않지만 옳다 여기면 용기 있게 실천하시는 모습이 좋았습니다. 그는 사람들이 말하는 자수성가한 기업인입니다. 그에겐 그러나 사업하는 이들의 장사꾼 기질이 보이지 않습니다. 오히려 그런 사람들에게서 보기 힘든 낯선 정직함이 엿보입니다. 그는 손 대접을 잘하는 분이기도 합니다. 그래서인지 그를 보면 늘 풍성한 듯 보입니다. 많이 가진 분이어서 그렇게 보일 수 있지만, 없을 때도 지금과 마찬가지로 변함이 없던 분입니다.

그에게서 저는 인격을 만드는 힘을 배웁니다. 학식이나 자리, 또는 돈으로 인격을 쌓을 것이라 착각하는 사람들에게 그는 인격이란 곧 신앙의 표현임을 웅변하는 듯합니다. IMF로 사업장이 어려움을 겪을 때도 수십억 원의 경비가 드는 교회당 건축을 자신의 일이라 생각하며 앞장서 진행해 나가는 모습이 매우 보기 좋았습니다. 그 어려운 시절 많은 기업들이 노동자들을 해고시키며 경영합리화에 온통 매달릴 때, 그는 이렇게 힘든데 직장을 잃으면 안 된다며 한 사람도 해고시키지 않았습니다. 함께 어려움을 견디다 보면 상황이 나아질 것이라며 사원들을 격려하는 그를 통해 직원들은 두터운 신뢰를 느꼈습니다. 모두들 사장님과 함께 있는 것을 어색하게 여기지 않았습니다.

그런 그에게 청천벽력 같은 일이 생겼습니다. 참 건강해 보였는데 폐암이란 진단을 받았습니다. 병원에 입원해 수술을 받고 치료를 받는 동안 많은 사람들이 찾아와 기도했습니다. 모두들 자신의 가족인 것처럼 마음 아파하며 간절함으로 그의 병이 낫기를 기도했습니다. 금식하며 기도하는 직원들도 있었습니다. 이런 한결같은 바람 때문인지 기적처럼 암세포들이 사라졌습니다. 병원을 나오던 날 그가 한 말이 무척 기억에 남습니다.

"그동안은 푸른 초장과 맑은 시냇물가로 인도해 주시는 주님으로부터 많은 은혜를 얻었습니다. 지금까지 내 인생에서 보여 주신 하나님의 은혜는 늘 그렇게 푸르고 맑았습니다. 그런데 병원에 입원해서 나는 사망의 음침한 골짜기 가운데서 해를 받지 않도록 인도하시는 하나님을 만났습니다. 지금까지 깨닫지 못한 더 큰 은혜였습니다."

'처음'을 달구며 살아야겠습니다

그는 미국에서 대학을 나왔습니다. 한때 미국 잡화업계의 떠오르는
별이란 소리도 들었지만, 목회자의 소명을 받고 난 뒤엔 모든 것을 처
분했습니다. 참 많은 재산을 포기하다시피 팽개치고 보따리 하나만 달
랑 들고 귀국해 신학생이 됐습니다. 한번 포기하면 평생 얻을 수 없는
미국 시민권조차 내던졌습니다. 그것이 '처음의 마음'이었습니다. 이
제 10년쯤 지나 그는 잘 알려진 교회의 '잘나가는' 설교가입니다. 이
곳저곳에서 초청받는 유명인사가 된 것입니다. 그런 그의 고백을 들을
기회가 있었습니다.

곧 책이 한 권 나옵니다. 베스트셀러를 많이 낸 출판사라 주위 사
람들은 벌써 기대를 합니다. 뜰 것이라나요? 문제는 제 마음 한구
석에도 그런 마음이 있다는 사실입니다. 모두 버렸다고 생각했는
데 그 자리에 명예욕, 곧 '슈퍼스타'가 되고 싶어하는 또 하나의 욕
심이 크고 있습니다. 신학생 시절에 욕했던 못난 선배들을 그대로
좇아가는 나를 봅니다. 아마 지금 내가 욕하는 이들과 꼭 같은 환
경이 된다면 나도 그들과 다름없이 행동할 것입니다. 환경이 다르

고 아직 그 시간에 이르지 않았을 뿐 초심(初心)을 잃어버린 나는 그들보다 나을 것이 아무것도 없습니다.

언젠가 잘 아는 분이 배를 선물했습니다. 그 배를 반으로 쪼갰는데 벌레 한 마리가 속을 갉아 먹고 있었습니다. 얼마나 화가 났던지 내가 먹어야 할 배를 갉아먹은 그 벌레를 난자했습니다. 그런데 지금 나는 하나님의 영광을 갉아먹는 벌레가 돼 있습니다. 내 방식대로라면 나는 난자당할 수밖에 없는 사람이지요. 언제부터인가 예수님 때문에 변화됐다는 말보다 목사님 설교 때문에 변화됐다는 말을 더 좋아하는 나를 봅니다. 목회란 어쩌면 인간에게 맡겨선 안 되는 일인데 참으로 이해할 수 없다는 생각이 요즘 제 머리를 맴돕니다.

물론 그렇게 말하는 그는 여전히 순수함을 잃지 않았습니다. 순수함이란 '처음 마음'입니다. 그리스도인에게 순수함만큼 소중한 그릇이 또 있을까 생각합니다. 나의 처음을 언제나 마음으로 지켜 가며 사는 것, 그래서 내 속에 끓는 열정이 일상으로 표현되는 삶, 그런 삶이야말로 주님을 섬긴 이들이 강조한 삶의 원리들입니다. ❀

복음의 최전방에서

미국의 어느 선교단체에서 일하는 친구로부터 편지를 받았습니다. 선교 보고인 셈입니다. 말하자면 그는 게릴라입니다. 선교의 문이 닫힌 나라에 잠입해서 〈예수〉 영화 비디오와 성경, 그리고 전도지들을 뿌리고, 또 지하의 거점을 만드는 일이 그의 미션입니다. 작은 실수 하나에 생명까지 담보할 수밖에 없는 위험한 선교입니다. 그런 위험 속에서 맛본 하나님의 함께하심을 그는 편지 속에 담았습니다.

이번에 그가 침투해야 할 국가는 이슬람을 국교로 믿는 T국이었습니다. 인접한 U국에서 미리 연락된 고려인을 만났다고 합니다. 그가 많은 자료를 가리키며 이것들을 가지고 T국에 들어가야 한다고 말하자 이 고려인은 "죽으려고 작정했냐"며 쌍수를 들어 반대했답니다. 검문이 워낙 심하기 때문이지요. 그래도 가야 한다고 말하자, 이 고려인이 한참을 고민하더니 경비초소가 없는 강을 넘자고 제의했습니다. 밀입국하자는 것이었습니다. 그러다 잡히면 어떻게 되느냐고 묻자 그 이상은 생각하지 말자고 했답니다. 그러기로 결정한 뒤 저녁을 먹는데 세상에 그렇게 맛없는 음식은 처음이었다고 그는 글로 썼습니다. 이날 밤 캄캄한 강을 건너는 심정을 이렇게 썼습니다.

생전 처음 해 보는 경험도 경험이지만, 원치 않는 부정적인 생각들이 자꾸 떠올라 견딜 수가 없었습니다. 그래서 찬송을 불렀습니다. "주님의 뜻을 이루소서. 고요한 중에 기다리니. 진흙과 같은 날 빚으사. 눈보다 희게 하옵소서……." 어느덧 눈물이 뺨을 타고 흘러내리기 시작하더니 견딜 수 없는 감격에 빠져들었습니다. "누군가 이 자료를 받고 또 보고 꼭 예수 믿게 해 주십시오. 50명분도 안 되지만 이것이 복사되고 재발행되어, 중국에서 일어난 성령의 역사처럼 입에서 입으로, 가슴에서 가슴으로 전달되는 성령의 역사가 있게 하소서."

복음의 프런티어에서 살아야겠다고 다짐한 적이 있습니다. 거기에선 주님의 특별한 위로와 관심을 순간순간 경험할 것이라 생각했기 때문입니다. 세상에 살면서 주님을 느끼면서 살아가는 삶, 그 삶이 비록 짧은 순간에 그칠지라도 그 삶을 소망하기로 작정한 것입니다. 그런데 나는 지금 후방에서 프런티어에 선 형제의 눈물을 부러워하고 있습니다.

수능 시험보다 소중한 것

얼마 전 많은 청소년들이 대학 수능 시험을 치던 날, 부산의 어느 교회에서 수요예배를 드리게 됐습니다. 성도들이 서로 깊이 사랑하고, 그 사랑으로 이웃을 전도하는 아름다운 교회였습니다. 젊은 전도사님이 설교를 하셨는데, 설교 중에 고3 수험생들을 칭찬하는 이야기를 하나 하셨습니다.

돌아오는 주일은 우리가 오랫동안 준비해 온 영혼추수감사예배를 드리는 날입니다. 오늘 아침에도 전교인 새벽기도주간 3일째를 맞아 기도회를 가진 뒤, 고3 아이들에게 따뜻한 차 한 잔이라도 끓여 줘야겠다 싶어 몇 가지 차를 끓여 승합차에 싣고 아이들 집을 돌았습니다. 한 사람씩 차례로 차에 태우고 시험장으로 가면서 따끈한 차 한 잔씩을 권했습니다. 그런데 아이들이 저를 이상한 눈으로 바라보는 것입니다. 영혼추수감사예배를 위해 온 교인이 함께 아침을 금식하기로 했는데, 아이들은 수능 시험을 치는 오늘 아침에도 어김없이 금식을 하였던 것입니다. 애써 준비해 온 차를 거절하는 아이들이 얼마나 귀엽고 사랑스럽던지 저도 모르는 새 눈시울이

뜨거워졌습니다. 모든 수험생들이 오늘 하루를 위해 컨디션을 조절하고 가장 좋다는 것을 먹고 시험장으로 나서는데, 우리 아이들은 자신의 친구들이 주님을 믿을 수 있기를 바라며 그 소중한 날 아침에도 금식을 했던 것입니다.

저는 사람이 누군가를 위해 자신을 희생하는 것이야말로 가장 아름다운 사랑이라고 알고 있습니다. 우리 청소년들에게 무엇보다 내려놓기 어려운 것이 수능 성적임을 저는 너무나 잘 압니다. 그래서 수능 시험일 아침에 금식하는 게 뭐 그리 대수냐, 그렇게 말할 수 없는 것입니다. 과부의 두 렙돈처럼 그들은 그들의 최선을 다한 것이라 믿습니다.

덕구의 눈물이 그립습니다

덕구는 정신지체아입니다. 교회에서도 다른 학생들에게 왕따 취급을 받던 덕구는 성탄절을 앞두고 돌연 연극배우로 발탁됩니다. 자신감을 심어 주려는 연출자 선생님의 의도적인 생각이었습니다. 친구들의 반대가 심했지만 우여곡절을 겪으며 연습은 진행됩니다. 마침내 공연 당일, 꽉 들어찬 청중들의 시선을 받으며 연극이 시작되었습니다. 그리고 마침내 문제의 '순간'에 다다릅니다. 예수님을 잉태한 마리아는 만삭의 몸으로 남편 요셉과 여관을 찾아 베들레헴을 헤매다 덕구가 주인으로 등장하는 그 여관에 들어섭니다.

"빈 방 있습니까?"

물론 대답은 "없습니다"여야 합니다. 그러나 이 순간 덕구에게 묘한 심리적인 갈등이 일어납니다. 성모 마리아에 대한 동정이 가미되고 현실과 가상의 세계는 혼돈을 일으킵니다. 덕구는 마구간을 향해 가는 요셉과 마리아를 향해 울음을 터뜨리며 "우리 집에 빈 방 있어요. 마구간에 가지 마세요"라고 소리칩니다. 객석에선 폭소가 터지고 연극은 엉망이 됩니다. 여기서 연극의 막이 내립니다.

연극 〈빈 방 있습니까?〉는 이제 많은 분들이 한 번쯤 공연장을 찾아

직접 감상해 보셨을 만큼 잘 알려진 작품입니다. 성탄절이 또 다가옵니다. 어느새 의미 없는 세모 시즌의 어느 하루가 되어 버린 성탄절입니다. 주님 오신 이 아름다운 날, 이런 의미는 모조리 퇴색해 버렸습니다. '덕구의 눈물'은 그래서 더욱 따뜻합니다. 현실과 가상을 혼돈하는 덕구의 눈물은 지금 평범한 하루로 성탄절을 맞는 우리들의 웃음보다 훨씬 소중합니다. 덕구는 만삭의 마리아와, 이제 곧 세상으로 오실 아기 예수님의 얼굴을 보았던 것입니다. 우리들의 그 잘난 '정상적인' 눈으로는 한 번도 만나지 못했을 분들을 그는 만난 것입니다.

하루를 살면서도 아무런 의미 없이 보내는 날들이 싫습니다. 하물며 주님의 탄생을 기념하는 성탄절이야 두말 할 나위 없습니다. 성탄절은 다시 우리에게 다가옵니다.

박토에 뿌리는 땀 한 방울

잡지사를 경영하는 강 목사님은 88올림픽의 개막식을 보지 않은 몇 안 되는 사람일 것입니다. 20년 가까운 세월 동안 프로야구 중계방송에 눈길 한 번 주지 않은 사람입니다. 그 까닭은 자신의 신념 때문입니다. 올림픽이나 프로야구는 모두 군사정권의 우민화정책이라 알고 믿기 때문입니다. 물론 강 목사님의 투쟁이 어떤 결과를 낳았는지 짐작할 수는 없습니다. 물론 혼자서 외면한다 해서 그 거대한 흐름이 바뀔 가능성은 결코 없어 보입니다. 그럼에도 강 목사님은 그 외로운 투쟁을 결코 가벼이 여기지 않는 그런 분입니다. 자신의 몸부림만큼 세상은 꼭 그만큼만 진보한다고 믿기 때문입니다.

강 목사님은 어린이들의 신앙을 돕기 위한 잡지를 만드는 데 20여 년을 보냈습니다. 그의 젊음이 몽땅 투자된 잡지는 그러나 오래 전부터 폐간 위기에 시달려 왔습니다. 사람들은 강 목사님의 경영 능력 부재가 그 원인이라 생각합니다. 사실 그렇습니다. 장사가 될 법한 책을 만들지 않는 경영자에게서 흑자 기대란 꿈도 못 꿀 일이니까요. 대신 그는 남들이 하지 않는 어느 한 구석을 메운다는 생각으로 이제까지 외로운 길을 걸어온 것입니다.

어린이 잡지를 시작한 것부터 그렇습니다. 처음 잡지사를 인수했을 때 경리를 보던 직원이, 결혼하고 아들을 장가보낼 나이가 된 지금까지 경리로 있습니다. 그처럼 한 번 만난 사람이라도 그 관계를 소홀히 하지 않습니다. 잡지사가 어려울 때마다 개인 땅을 팔아 충당하면서도 한 번도 다른 이들에게 손을 벌리지는 않았습니다. 이제 그야말로 그만둘 수밖에 없는 지경에 이르렀지만, 당장 문을 닫을 수 없는 까닭 또한 함께 일하는 이들을 걱정해서입니다.

강 목사님은 교육적이지 못한 삶을 살면서 어떻게 교육 잡지를 낼 자격이 있겠느냐고 하십니다. 그러나 그의 뜻을 거리낌 없이 펴기에는 이 땅이 여전히 박토세상입니다. 그가 뿌린 땀방울들은 모두 어디론가 증발해 버린 듯합니다. 그럼에도 그 실속 없는 반복을 결코 의미 없다고 여기지 않습니다. 하나님 앞에서 옳으면 그 다음은 삶으로 옮길 뿐입니다.

가난 속에도 천국은 있습니다

〈천국의 아이들〉이란 영화 이야기를 하려 합니다.

두 남매가 있습니다. 찢어질 듯 가난한 집안에 '어울리지 않을' 정도로 건강한 아이들입니다. 오빠가 동생의 구두를 수선하여 집으로 돌아오다 어찌해서 그 구두가 든 비닐봉지를 잃어버립니다. 하나뿐인 구두를 잃어버린 동생은 닭똥 같은 눈물을 뚝뚝 흘리며 당장 다음날 아침 학교 갈 걱정을 합니다. 겨우 생각한 방안이 오빠의 운동화를 교대로 신고 가는 것입니다. 동생은 오전반이고 오빠는 오후반이기 때문입니다. 그렇게 서로 골목길에서 운동화를 바꿔 신고 달리는 오누이의 모습이 인상적입니다. 그렇게 달려야만 지각을 면할 수 있습니다. 그러던 어느 날, 동생은 자신의 잃어버린 구두를 신고 있는 아이를 학교에서 발견하게 되고, 그 아이의 집을 알아둔 뒤 오빠와 함께 구두를 찾으러 갑니다. 그러나 그 아이의 아버지가 맹인이고, 행상을 하며 힘겹게 살아가는 이웃임을 알게 되자 두 남매는 어쩔 수 없이 뒤돌아섭니다.

며칠 뒤, 오빠는 마라톤 대회를 알리는 벽보를 보고 새로운 꿈에 들뜹니다. 3등 상품이 운동화였기 때문입니다. 그동안 수도 없이 학교를 오가며 뜀박질을 해 온 탓인지 오빠는 쉬이 1등을 할 기세입니다. 그러나 오빠에겐 3등이 목표입니다. 1등도 보내고 2등도 보내고, 그러나 그 뒤를 따라오는 아이가 만만찮습니다. 결국 네 사람이 서로 엉키게 되고 3등을 해야 한다는 압박감에 열심히 뛰었는데 그만 1등이 되고 말았습니다. 3등을 놓친 아쉬움에 우승 기념사진을 찍으면서 눈물을 흘리는 오빠의 모습은 온갖 욕심으로 '1등'만을 향해 달리는 우리들을 부끄럽게 합니다. 다행히 그날 퇴근하는 아빠의 자전거엔 새로 산 동생의 구두가 실려 있습니다.

행복, 아름다움, 기쁨……. 이런 것은 어쩌면 가난과 부함에 달려 있지 않은 듯합니다. 특히 이 영화 속에서 그들의 신앙은 삶 속에 자연스럽게 녹아 더 절절한 인간다움을 만들고, 그래서 신앙을 떠나서는 삶이 무의미해짐을 발견합니다. 도시 문화와 자본주의적 풍요로부터 그들의 삶은 언제나 자유로워 보입니다. 그래서 해진 운동화 한 켤레를 동생과 오빠가 번갈아 신고 학교를 뛰어다녀도 그들이 결코 포기하지 말아야 할 것이 무엇인지 압니다. 사람다움을 돕는 종교를 배웁니다. 적어도 종교가 이런 비본질로부터 자유롭지 못하다면 신앙은 하찮은 액세서리에 지나지 않음을 깨닫습니다. ✼

주님의 투쟁방법

삼일만세운동이 한창이던 1919년 3월 3일, 서울 거리에 '독립단통고문'(獨立團通告文)이란 전단이 나붙었습니다. 내용은 다음과 같습니다.

……어떤 일이든지 일본인들을 모욕하지 말고, 돌을 던지지 말며, 주먹으로 때리지 말라. 이것은 야만인이 하는 행동이니 독립의 주장에 손해가 될 뿐인즉 특히 주의할 것이며, ……신도들은 매일 3시에 기도하되 주일에는 금식하며 매일 성경을 읽되 월요는 이사야 십장, 화요는 예레미야 십이장, 수요는 신명기 이십팔장, 목요는 야고보 오장, 금요는 이사야 오십구장, 토요는 로마 팔장으로 순환독료(循環讀了)할 것이라.

신학자들은 이 전단이 기독교에 대한 신학지식이나 이해를 충분히 한 사람이 작성한 유인물임에 틀림없다는 결론을 내립니다. 무엇보다 이 전단은 주님의 투쟁방법을 말하고 있어 귀하기 그지없습니다. 비무장과 비폭력, 무저항에 근거한 신앙운동 그것입니다. 무장폭력 저항을 주장한 천도교와 뚜렷이 선을 긋고 있음에 대해선 알 수 없는 우월감이 느껴지기까지 합니다.

누군가 말했습니다. 참 용기란 폭력의 순간 두려움에 몸을 떨면서도 평화를 외치는 것이라고. 더욱이 단순한 비폭력 무저항으로 그치지도 않습니다. 기도와 금식, 성경 묵상을 하며 신앙으로 싸울 것을 강조합니다. 결코 소극적이거나 현실도피적인 투쟁이라 할 수 없는 까닭은 이것이야말로 물리력을 갖지 못한 민중이 폭력에 대항하는 가장 효과적인 저항방법이기 때문입니다. 왼뺨을 맞으면 오른뺨을 돌려 대라 하신 주님의 가르치심에 응답한 것이었습니다.

수단과 방법을 가리지 않는 투쟁은 또 다른 폭력입니다. 폭력은 폭력을 잉태할 뿐입니다. 그리스도인의 제일 된 삶의 원리는 주님의 방법으로 만족하는 데 있습니다. 주님의 투쟁방법은 평화이며, 기다림이며, 주님의 때를 바라는 것입니다. 이 기나긴 고난의 길을 투쟁의 방식으로 제시한 분이 주님입니다. 그 절정의 순수가 주님의 십자가였음을 모르지 않습니다. 우리에게 이 아름다운 평화의 투쟁방식을 주님은 그렇게 가르치고 있습니다. ❀

2

일상을 새롭게 하는 사랑 향기

그는 이제 새로운 메시지를 이야기합니다. 자신이 성공했으니 용기를 가지라

하지 않고, 나의 성공 뒤에 수많은 이들의 사랑이 있었음을 기억하라고 말합니다.

세상에는 그런 아름다운 손길들이 있어 용기를 가질 만하다고 말합니다.

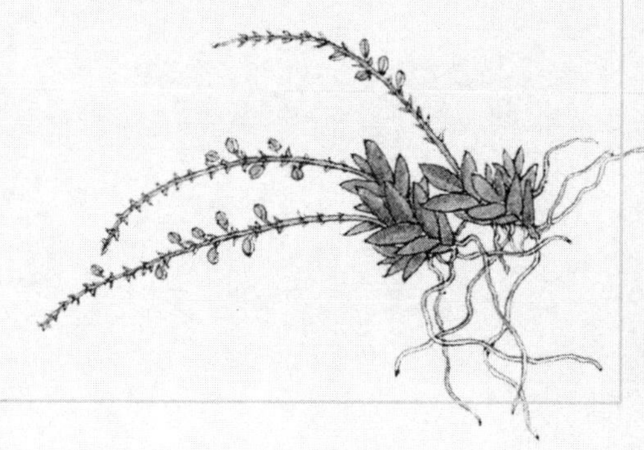

언젠가 떠나 버릴 당신이기에

회신이 없는 편지가 있습니다. 아무리 부르고 외쳐도 대답 없는 편지들, 그것은 살아 있지 않은 이들을 그리는 편지입니다. 이런 편지들을 모은 《눈물의 편지》(넥서스)라는 책이 있습니다. 내용들 중 몇 가지를 소개하면 이렇습니다.

"당신이 떠나고 난 뒤 이 빈자리는 언제쯤이면 채워질까요. 아무리 잊으려 해도 당신의 모습은 잊을 수가 없어요. 여보 나왔어, 하는 당신의 목소리가 들릴 것만 같아 밤마다 현관문을 잠그고 잠자리에 들 때마다 당신께 미안한 마음 금치 못해요……."

"사랑하는 마음, 감사하는 마음들을 표현해야 하지만, 늘 당신과는 눈빛만으로 느끼고 살았던 것들이 조금은 후회가 됩니다. 힘들고 어려울 때 이렇게 당신을 향한 그리운 마음들을 아이들에게 들킬까 봐 내색도 안 하고 살았는데……. 정말 손이 부르트도록 열심히 살게요. 아이들에게 보상 바라지 않고 투정부리지 않으며 곱게 늙어 가고 싶습니다."

"여보, 당신을 떠나보내고 이 못난 남편은 매일매일 그리움에 지쳐

서 울지 않으려고 노력도 해 보지만, 당신이 없는 나의 삶과 세상
이 너무나 허무하여 허망하여 눈물로 밤을 지새우고 지낸답니다.
……여보 당신이 만든 맛있는 음식 정말로 먹고 싶구려. 특히 당신
의 그 파김치와 닭양념탕, 그리고 동태찌개 생각이 간절하오.”
“아빠 나야. 아빠가 아직도 나한테 잔소리하는 모습이 잊혀지지 않
고 계속 머리 속에 맴도는데……. 눈물을 애써 참느라고 얼마나 힘
들었는지 모르지? 나, 나름대로 안 울려고 열심히 노력했어. ……
난 나름대로 내가 가고 싶은 대학 가서 성공했을 때 그제야 비로소
진정한 통곡을 하려고 생각 중인데, 두려워. 아빠 모습이 내 기억
속에 계속해서 있을지. 그래서 매일 저녁마다 잘 때 아빠 생각할
거야. 그러니까 나 만나러 자주 와야 돼.”

지하철 속에서 책을 읽다 말고 돌아가신 아버지가 생각나 눈물을 떨
궜습니다. 사람들이 이상한 듯 쳐다보았습니다. 생각했습니다. 부모
님, 아내, 아이들, 그리고 친구들……. 어느 날 갑자기 내 앞에서 사라
져 버릴지 모를 사람들입니다. 그들에게 오늘이 가기 전에 손이라도
꼭 잡고 웃어 주고 싶은 마음이 들었습니다.

사랑하기 때문이 아니라 사랑하기 위해 결혼합니다

결혼시즌입니다. 다들 그렇지만 참 쉽게들 결혼하고, 부부가 되고, 엄마 아빠가 됩니다. 운전 하나 하는 것도 면허증이 필요한데, 이 험난한 코스에 들어서면서 아무런 대책 없이 시작해 버립니다. 그들을 위해 여기 의미심장한 주례사 한 토막을 소개합니다. 정치인이던 고(故) 제정구 의원의 글입니다.

왜 결혼하려 하는가, 하고 연인들에게 물어보면 그들은 당당하게 "서로 사랑하니까요"라고 대답합니다. 그러나 사랑을 전제로 결혼한다면, 사랑의 감정이 식으면 이혼도 할 수 있다는 말입니다. 20년 동안 결혼생활을 해 온 나는 결혼 그 자체가 목적일 수 없다는 생각을 갖습니다. 결혼은 사람이 되기 위해 걸어가야 할 사람의 길입니다. 결혼은 사랑을 실천하여 사람이 되기 위한 사랑의 길입니다. 미울 때도 고울 때도 고통스러울 때도 즐거울 때도 함께 있겠다는 약속입니다. 함께 있겠다는 것은 또 하나가 되겠다는 말입니다. 부부란 엄연히 다른 독립된 개체인데 자신은 그대로 있는 상태에서 상대를 끌어들여서 하나를 만들 수는 없습니다. 그것은 욕심입니다. 나에게 필요할 때 필요한 부분만 채우고 그 외의 것을 버린다면 그건 상대를 파괴하는 폭력이요 심지어 죽이는 행위입니다. 사랑은 살리는 것이지 죽이거나 파괴하는 것이 아닙니다. 나를 버리고 나를 녹임으로써 하나가 남는 것, 나를 비워서 그 빈자리에 타(他)를 받아들이는 것, 그래서 하나가 되는 것, 그것이 진정한 하나입니다. 녹여서 하나로 만드는 용광로, 그것이 사랑인 것입니다. 그러니 사랑하기 때문에 결혼하는 것이 아니라 사랑하기 위하여 결혼하는 것입니다. 결혼했기 때문에 사랑해야 합니다. 예수님은 태어나기 전부터 이름이 임마누엘이었습니다. 임마누엘은 하나님이 우리와 함께 계신다는 뜻입니다. 이같이 사랑은 미울 때나 고울 때나 기쁠 때나 슬플 때나 화날 때나 즐거울 때나 언제나 어느 때나 늘 함께 있는 것, 그래서 하나가 되는 것입니다. (제정구, 《가짐 없는 큰 자유》, 학고재)

컴퓨터 하는 어머니

아들 딸 5남매를 출가시키고 이제 나도 무엇이든 내 생활을 가져야지 생각했다. 컴퓨터를 배우고 싶어 이웃에 아는 분과 함께 학원에 등록을 하려 했지만 여의치가 않았다. 혼자는 용기가 나지 않고, 내가 과연 해낼 수 있을까 자문자답을 수없이 해 보면서 자녀들한테도 자문을 구했다. 셋째가 "손자들도 하는데 무엇을 망설이세요?" 하길래 용기를 얻어 구청 정보센터에 등록하고 두려움과 설렘으로 컴퓨터를 배우게 되었다.

키보드는 집에서 익혔지만 배워도 낯설기만 한 용어에 처음에는 잠도 안 오고 초긴장 상태였다. 차차 배워 내 아이디도 만들고, 선생님께 편지를 쓰니 답장을 보내 주셨다. "용기에 찬사를 보내며 삶에 보탬이 되기를 바란다"는 답장이 어찌나 따뜻하게 마음에 와 닿는지 몰랐다.

나는 아들, 딸, 손주에게 인터넷 편지를 쓰고 답장을 받아 읽는다. 글로 받아 보니 더욱 진한 사랑을 느낀다. 며칠 전 아들과 전화 통화를 하면서, "이젠 어머니가 점점 더 컴퓨터를 잘하시는 것 같다"는 격려를 듣고는 어린아이같이 환한 웃음을 짓게 됐다. 젊을 때는

희망에 살고 늙으면 추억에 산다지만, 나는 지금 한없는 희망에 살
고 있다.

　일간지에 실린 어느 독자의 글입니다. 이 글이 제 마음을 끈 까닭은 며칠 전 어머니에게 구청에서 인터넷을 배우기 시작했다는 전화를 받았기 때문입니다. 인터넷 속의 세상, 그 세상의 도움을 받으며 한껏 맛을 느끼고 사는 저로선 어머니의 이런 시작에 박수를 보내고 싶었습니다. 물론 영어를 배우신 적 없는 어머니가 인터넷을 배우시기란 여간 어려운 길이 아닐 것입니다. 그러나 지금보다 훨씬 넓은 세상을 보실 수 있으리라 기대합니다. 어머니는, 자판 연습이나 할 수 있는 '못 쓰는' 컴퓨터 한 대 구할 수 없느냐고 하셨습니다. 인터넷을 배우시는 데 속도가 느린 '못 쓰는' 컴퓨터는 큰 쓸모가 없을 것입니다. 새 컴퓨터가 필요하신 게지요. 혼자서는 힘에 부치는 일이니 동생과 상의라도 해 볼 생각입니다. 생신이 가까이 옵니다. 우리 시대의 효도관광, 그건 인터넷 관광인지도 모릅니다.

삶이란 언제나 새로 난 길 같습니다

엄마보다 먼저 죽기를 소망하는 아들, 아들이 먼저 죽었으면 바라는 엄마……. 세상에 이런 바람을 소원처럼 말하는 사람들이 있습니다. 남쪽 바다 섬 거문도, 거기서 전신불수의 아들을 간호하며 40여 년을 살아온 이춘덕 씨와 아들 조경배 씨가 그들입니다.

그 오랜 세월 동안, 엄마는 아들 곁에서 불을 때 물을 데우고, 그 물로 아들의 몸을 씻기고, 밥을 먹이고, 대소변을 받아냅니다. 아들이 할 수 있는 일이란 공중에 걸어 둔 성경을 읽고 찬송을 듣는 것이 전부입니다. 정부에서 생활보호대상자에게 지급하는 보조금으로 이들 모자는 끼니를 잇습니다. 보조금에서 약값을 빼고 나면 너무 빠듯해서 식사를 두 번으로 줄였습니다. 만성두통에 시달리는 엄마는 더 이상 늙기조차 두렵습니다. 자신이 아들보다 먼저 세상을 떠나면 아들을 돌볼 사람이 없기 때문입니다. 꼼짝도 못하는 아들 곁에서 그런 아들을 수발들며 살아온 세월이 결코 짧지는 않았을 테지만, 그래도 이렇게 살아 있는 것조차 엄마에겐 감사합니다.

사람은 어디서 와서, 왜 살며, 어디로 가는가? 너무 원초적이고 건조하고 퇴색한 질문을 새삼 떠올립니다. 그런 삶도 삶이라고 주신 분이 계시다 생각하면, 더욱 까마득해지는 질문입니다. 누워 천장에다 생각의 날갯짓만으로 시간을 건너는 일, 그것조차 일이 되고 의미를 만들고 삶이라 꾸밀 수 있을는지 모르겠습니다. 삶이란 아무도 대신 살 수 없는 법, 그래서 그 의미조차 자로 잴 수 없는 것인지 모르겠습니다. 그리 보면 그들이 어디로 가는지조차 함부로 말하기가 두렵습니다. 어디서 오고, 왜 살고, 어디로 가는가? 그 대답은 어쩌면 삶 그 자체인 듯합니다. 아무도 대신 할 수 없어 대답할 수 없는 질문, 그만큼 신비롭고 그만큼 현실적인 것, 그게 '나만의 삶' 인 듯 여겨집니다. 삶이란 그 삶을 살아가는 이에겐 언제나 새로 난 길처럼 신비하고 즐거운 영토입니다. ✿

사랑하는 '마음'이야 비길 데 없지만

아침 8시. 아침을 준비하는 아내와 〈뽀뽀뽀〉를 보며 혼자서 뭔가 열심히 중얼거리는 아이의 모습이 눈에 선합니다. 집을 멀리 떠나서 아침을 맞을 때면 늘 '나는 어떤 아빠이며, 어떤 남편인가?' 스스로 질문해 봅니다. 얼마 전 인천에 사시는 어느 집사님을 만났습니다. 그이를 보면서 아내와 아이에게 미안한 마음 금치 못했습니다.

이 집사님은 두 딸을 둔 50대의 아빠이고 남편입니다. 첫째 딸은 사법고시를 준비하고 둘째 딸은 대학생입니다. 두 딸은 어디를 봐도 아빠 사랑을 듬뿍 받고 자란 게 드러납니다. 자상하기 이를 데 없는 아빠는 종종 아내에게 쪽지편지를 씁니다. 생일이나 화이트데이에, 부활절에, 성탄절에, 새해에……. 게다가 아내가 교회에서 야유회라도 가는 날이면 몇 푼 안 되지만 봉투에 차비를 담아 "집 걱정 잊어버리고 실컷 놀다 오십시오" 하고 쪽지를 넣어 아내 손에 쥐어 줍니다. 편지마다 예의 그 존댓말과 "당신을 사랑하는 아무개가"란 표현이 들어 있습니다.

두 딸에게도 이런 자상함을 잊지 않았습니다. 딸이 고등학교 다닐 땐 야간자율학습을 마치고 나올 때까지 교문에서 청바지 차림으로 기다렸다 딸이 나오면 가방을 받아 어깨에 메고 딸의 손을 꼭 잡고 이 애기 저 얘기를 나누며 집으로 왔습니다. 처음엔 남자친구로 오해받았지만 아빠란 사실이 알려진 뒤로 딸 친구들이 부러워하는 아빠가 됐습니다. 탁구로 체육 시험을 치는 딸을 위해 거실에다 작은 탁구대를 만들어 주는 아빠입니다. 딸이 받아 온 성적표를 분석해서 그래프를 그려 주고 처지는 과목을 찾아 도움을 주는 아빠입니다.

딸들이 공부를 좋아하니 그저 도와줄 뿐 공부 잘하는 딸을 바란 것은 아닙니다. 가령 주일엔 공부에서 해방되기를 언제나 강조했습니다. 학교에서 주일을 끼고 수학여행을 가려 하거나, 자율학습을 한다고 주일 등교를 명령할 때면 그이는 선생님을 찾아가서 우리 딸은 교회 가야 하기 때문에 안 된다며 분명히 거절할 정도입니다. 무엇보다 언제나 딸의 손을 잡고 새벽기도에 나오는 모습은 눈이 시릴 만큼 보기 좋습니다. 일찍부터 그렇게 습관을 들였던 것입니다. 두 딸은 이런 아빠 때문에 도리어 투정 아닌 투정을 부립니다. 아빠 같은 사람 아니면 결혼하지 못할 것 같은 두려움 때문입니다. 어느새 딸들에게 이상적인 남편상으로 자리해 버린 것입니다.

아침을 먹고 나서 아내와 아이에게 이메일이라도 띄워야겠습니다. 사랑하는 마음이야 어디 정 집사님만 못하겠습니까. ❀

하나님의 마음을 닮아간다는 것

자폐증 아들을 직접 치료하기 위해 방송통신대학 유아교육학과에 입학한 한 아버지의 이야기를 듣습니다. 언제나 아들 곁에서 이야기를 붙이고 아들과 함께 벽돌쌓기 놀이를 4년째 해 온 아버지입니다. 틈을 내어 방송통신대학의 방송수업을 들으며 공부해 온 그이가 얼마 전 이 학과를 수석으로 졸업했습니다. 새 학기엔 특수교육학과 대학원에 진학해 본격적인 자폐아 치료에 나설 계획이랍니다.

그는 자폐증 아들로 인해 새로운 인생길을 걷습니다. 장애 아이를 둔 부모가 다른 사람들에게 웃음거리로 비치지 않으려고 아이를 집에 가두기도 하여 증세를 더욱 악화시키는 경우가 허다한데 반해 그이는 교회에다 이런 고민을 내놓고 함께 기도해 왔습니다. 자연스럽게 교회의 모든 식구들이 관심을 갖고 이 아이를 지켜봤으며, 아이가 조금씩 나아지는 모습을 보면서 함께 기뻐했다고 합니다.

누군가 말했습니다. 세상에는 '내리사랑'만 있을 뿐, '치사랑'은 없다고. 제 자식 사랑은 아무도 강요 않더라도 모두들 하는 법입니다. 그러고 보면 부모로부터 받은 은혜를 자식들에게 전하는 세상의 사랑 흐름은 무척 공평합니다. 자식을 보면서 우리는 우리의 참 부모이신 하나님의 관심을 깨닫습니다. 에녹도 아들 므두셀라를 낳은 뒤로 하나님과 동행했다는 기록을 성경에서 봅니다. 자식을 갖는 것은 곧 하나님의 마음 한구석을 공유하는 것인지도 모릅니다.

고개 숙인 아버지를 이야기합니다. 그러나 아버지다움이 꼭 경제력으로만 만들어지는 것은 아니겠지요. 꾸준히 옳은 길을 걸으려 애써 온 아버지의 삶, 곧 하나님과의 동행 없이는 자식들 앞에서 고개를 들 수 없을 것입니다. 가장 아름다운 아버지의 모델이 하나님이심을 생각하면 더욱 그렇습니다. 그분의 사랑과 신실하심과 희생을 닮는 일이야말로 우리 시대의 아버지를 세우는 일입니다. ✾

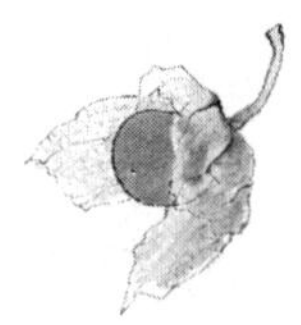

하늘을 닮은 사람, 아·버·지

일곱 살배기 아들의 얼굴을 담뱃불로 지진 어느 아버지의 모습이 방송을 탑니다. 성한 데가 없을 만큼 짓이겨 댄 흔적들로 온몸이 시퍼렇습니다. 아버지는 소리칩니다. 내 새끼 내 맘대로 하는데 누가 참견이야. 마치 아버지의 지갑에 든 구겨진 지폐처럼 취급되는 아들의 인권을 목격합니다. 저항할 수 없는 아이에 대한 비인간적인 강요는 반인권에 다름 아닙니다. 법도 보호하지 못하는 구석진 곳에서 벌어지는 이 폭력의 진실에 대해 우리 사회는 너그럽게도 아버지의 권력만 늘 비호해 왔습니다. 그러기에 우리 공동체 전체가 이런 반인권의 공범이었던 셈입니다.

부모에겐 권위보다 책임이 무거움을 아이를 낳아 비로소 느낍니다. 그 맑은 눈동자를 보며 나를 학대하는 한이 있어도 아이에게는 매질할 수 없는 아버지의 무게를 느낍니다. 아버지를 닮아 가는 아이를 발견했기 때문입니다. 일하다 기지개만 켜도 따라하는 녀석을 발견했기에 그렇습니다. 그런 아이 앞에서 나는, 이렇게 살아야 한다고 말이 아닌 삶으로 보이는 수밖에 다른 도리가 없습니다. 아버지는 아이의 미래이기 때문입니다. 아직 소유한 것 없어 드릴 것조차 없는 아이들, 그들에게서 아름다운 미래를 보아야 할 우리들입니다.

　세상의 아버지들이 지닌 모습도 이러하리라 믿습니다. 아버지의 아버지, 또 아버지의 아버지인 하나님을 닮은 아버지들이 또 아버지를 닮은 아이들을 키웁니다. 참 감사한 유전이 아닐 수 없습니다. 세상의 모든 아버지들은 적어도 이렇게들 닮았으리라 생각해 봅니다.

　그렇습니다. 저는 또 한 아버지로부터 그것을 확신합니다. 막 태어난 아기가 암이란 판정을 받고 종합병원 소아암 병동에 보내졌습니다. 아기로부터 한 번도 아빠 소리를 듣지 못한 아버지는 그가 사는 전세방을 내놓습니다. 아기의 수술비를 대야 하기 때문입니다. 퇴직금도 없는 영세한 직장에 다니는 아버지의 결단은 무섭기까지 합니다. 어떻게든, 할 수 있는 일이면 뭐든 해 봐야지, 굳게 다짐합니다. 거기 세상의 아버지들이 있습니다.

부부, 또 하나의 내가 존재하는 자리

그런 일 없던 당신이 직장에서 돌아와 아무 대화도 없이 잠자리에 들어 버렸을 때, 왜 그러냐고 물어도 아무 일 아니라고만 대답하고, 얼마나 마음 졸였는지 아세요? 혹 내게 불만이 있는지, 아니면 '딴 마음' 먹고 있지는 않은지, 잠 못 이루었어요. 그날 아침에서야 말씀하셨죠, 회사가 어렵게 됐다고, 그치만 당신은 걱정 말라고……. 그리고 아무 일 없었던 것처럼 회사 나가셨죠. 얼마 후 회사는 결국 부도났고, 당신은 말을 잃어버리셨어요. 말은 못했지만 저 역시 걱정이 태산이었답니다. 그러나 걱정만 한다고 해결될 일도 아니고, 무엇보다 당신께 용기를 주고 싶었어요. 생각해 낸 끝에 제 보물단지를 보여 드려야겠다 결정했어요. 17년간 꼭꼭 숨겨 둔 항아리, 한 푼 두 푼 생길 때마다 모았던 항아리가 이제 통장이 되어 자그마치 사천만 원이나 된 거예요. 나이 들면 당신이랑 여행이나 할까, 혼자 이 궁리 저 궁리하며 모은 돈이죠. 막상 당신께 공개하려 드니 시원섭섭한 마음이 들더군요. 17년간 챙겨 둔 당신의 월급명세서를 보여 드린 까닭이 뭔지 아세요? 그건 제게 보여 주신 당신의 신뢰였고 사랑이었기 때문이죠. 그걸 모을 때마다 전 당신의 사랑과 나를 향한 땀을 모은 것이죠. 제가 그때 드린 말씀 기억하세요? 당신 그동안 열심히 결근 한 번 안 하고 직장생활 하셨으니 이제 휴가다, 생각하고 마음 편히 쉬시라고요. 그날 밤 우리 밤새워 옛날 얘기 했죠. IMF, 참 무섭네요. 그러나 이 어려움 때문에 당신이랑 새로운 신방 꾸미는 맘으로 살게 됐네요. 당신 사랑 놓치지 않는 아내가 될게요.

몇 년 전 부부의 날을 맞아 기독교가정사역연구소가 주는 올해의 부부상을 수상한 김영인 · 김길순 씨 부부가 나눈 편지 내용입니다. 세상을 살면서 부부라는 존재로 누려야 할 아름다운 '정'을 봅니다. 가족이 함께 찬바람을 맞으며 빈 벌판에 내몰릴지라도 늘 곁에서 위로해 주는 아내와 남편이 있음에 대한, 마음속 깊은 데서 흐르는 흐뭇함입니다. 사람 사이에서 이보다 마음 깊은 정을 느낄 수 있는 관계가 또 있을까 생각합니다. 부부, 참 알 수 없는 사이입니다. 그 비밀스런 관계를 만드신 하나님의 혜안이 심묘막측(深妙莫測)합니다. 결혼은 무덤이라 말하는 젊은이들에게 꼭 일러 주고 싶습니다. 결혼이야말로 세상에서 누려야 할 매우 소중한 경험이며, 거기서 또 하나의 나를 만나게 된다는 사실을…….

당신이 보·고·싶·습·니·다

같은 회사에 근무하는 박 주임은 주말부부입니다. 그러다 보니 힘든 일이 많은 듯 보였습니다. 함께 이야기를 나누면서 들은 이야기를 박 주임의 마음에서 옮겨 보았습니다.

우리는 맞벌이 부부, 그것도 멀리 떨어져서 한 주에 이틀밖에 같이 있지 못하는 주말부부입니다. 직장에서 또 친구들 사이에서 참 많은 부부들을 만납니다. 언제나 퇴근하면 남편이 있고, 아기와 시간 보내다 보면 퇴근하여 돌아오는 남편이 있는, 그런 친구들이 부러울 수밖에 없습니다. 요즘엔 직장 일이 폭증하는 바람에 몸도 피곤에 지치고, 상사와 갈등도 겪으며 마음까지 편치 않습니다. 급기야 어젠 남편의 전화 목소리를 듣는 순간 울컥 울음이 치밀고 말았습니다. 평소와 다른 목소리를 느꼈던지 남편이 무슨 일이냐, 다그쳐 물었습니다. 아무 일 아니라고 했지만 남편은 벌써 뭔가 눈치를 챈 것 같았습니다. 전화를 끊으려는데 남편이 "네 뒤엔 언제나 내가 있어, 힘 내……"라고, 그렇게 위로의 한마디를 더 남겼습니다. 참았던 눈물이 펑펑 쏟아졌습니다. 세련되게 윤기 나는 말이라곤 못하는 남편인데……, 그날따라 남편이 더욱 보고 싶었습니다.

　그이는 늘 건강하다가도 계절이 바뀔 때면 꼭 감기치레를 합니다. 지방에서 직장일 하면서 어떻게 견뎌 낼까 가슴 졸이며 그 시간들을 보내야 하지요. 겨울이 가고 봄이 오는 올해도 또 그랬습니다. 바로 그 즈음이었습니다. 직장에서 늦게까지 일하고 밤이 깊어서야 퇴근하던 시기였습니다. 사무실을 나오려는데 전화가 걸려왔습니다. 남편의 목소리였고, 지금 회사 앞에서 기다리고 있다는 것입니다. 허겁지겁 뛰어나갔습니다. 주중이었고, 생각도 못했는데……. 남편이 말했습니다. "몸이 너무 아픈데 꼭 당신 얼굴을 보고 싶어 참을 수 없었어"라고. 그래서 그 밤에 네 시간이나 걸려서 서울까지 올라왔던 것입니다.

　부부란 이렇게도 아름다운 사이인가 봅니다. 떨어져 있지만 않다면, 다른 이들처럼 늘 함께 있을 수 있다면. 아니, 그런 날이 꼭 빨리 오리라 기다려 봅니다. 회사 문을 나서면 그날처럼 남편이 또 와 있을 것만 같습니다. ✿

행복한 아줌마

호텔에서 며칠간 묵어 본 일이 있지요? 그렇다면 아마 '룸 어텐던트'와도 마주쳤을 테죠? 방 청소를 담당하는 아주머니들 말예요. 그들을 볼 때 어떤 생각을 갖나요? 가까운 사람이 이런 일을 하게 된다면 선뜻 "잘됐다"며 축하해 주지는 못할 테죠? 어쩌면 "다시 생각해 보는 게 어때?" 하며 충고까지 할지도 모르지요.

나성애 씨란 분의 활짝 웃는 얼굴이 얼마 전 일간신문에 실렸습니다. 강남의 큰 호텔에서 룸 어텐던트로 일하는 아주머니입니다. 11년째 이 일을 해 왔는데, 이제 어느 전문대학의 외식산업과 전공 학생들에게 '접객 서비스'란 과목을 강의하는 교수님이 됐다는 기사였습니다. 그이도 처음엔 평범한 객실 청소부였답니다. 누군가에게 자신의 직업을 숨겨야 했던 과거를 가진 것입니다. 그러던 어느 날, 이러한 생각을 깨는 계기가 생겼습니다. 바로 그이의 큰딸이 해 준 한마디, "힘든 일 하시는 엄마가 자랑스러워요" 하는 말 때문이었습니다. 딸이 해 준 이 한마디에 그인 눈물을 흘렸답니다. 부끄럽지 않은 엄마가 되겠다는 결심도 했답니다. 방송대학교에 입학하고 공부하는 엄마에게 딸이 커피를 끓여다 주었습니다. 그 커피를 마시며 '행복한 3역' 곧 엄마, 룸 어텐던트, 학생의 일을 해냈답니다. 졸업 후엔 대학원에서 "객실 고객 서비스 위주의 룸 어텐던트 활용 방안"이란 논문으로 석사학위까지 받았지요. 그이의 서비스를 받은 손님들 가운데 '평생 고객'이 적지 않습니다. 비누 같은 소모품을 챙겨 주는 일에서부터 가끔은 한국 문화를 소개해 주는 여행안내자 역할까지 할 정도니까요.

　저는 좀처럼 "직업엔 귀천이 없다"라는 말을 믿지 않습니다. 그러나 나성애 씨가 보여 준 자신의 일에 대한 진지함 앞에서, 또 그이의 딸이 전해 준 격려를 통해 비로소 직업엔 천함이 없다는 학창시절 교과서의 주장에 설득될 듯합니다. 무엇보다 직업의 차별조차 무너뜨릴 수 있는 가족의 힘을 믿게 됩니다. 세상에서 가장 큰 위로는 가족으로부터의 존경임을 배웁니다. 어쩌면 우리는 그 큰 힘을 놓쳐 버리고 있지 않을까 염려스럽습니다. ❋

수많은 '이영자'를 위하여

꽤 시간이 지났지요? 텔레비전에서 이영자라는 연예인이 눈물을 흘리고 있었습니다. 지방흡입수술을 받았다고 시인하는 기자회견장에서 그는 시종 눈물을 그치지 못하고 있었습니다. 사람들은 말했지요.

"이영자 다이어트한 거, 그거 순 사기래, 생긴 대로 살지 다이어트는 무슨……."

그러면서 공인이 돼 갖고 거짓말이나 한다며 몰아세웠습니다. 신문이나 방송이나 모두 그런 식의 보도였습니다. 저로선 분노가 치밀었습니다. 거짓말을 한 이영자 씨에게가 아니라 그런 식의 여론몰이에 오히려 역겨움을 느꼈습니다.

생각해 보십시오. 그게 어디 이영자란 연예인 혼자서 다 뒤집어 써야 할 책임일까요? 지방흡입수술까지 받으며 살을 빼야 했던 그의 아픔, 그러니까 살을 빼지 않고는 사람 대접도 받지 못하는 이 세상을 살면서 이래저래 받았을 그의 상처는 어디서 보상받을 수 있지요? 뚱뚱한 여자에 대해 우리 사회가 얼마나 가혹한 학대를 일삼고 있는지 생각해 보셨나요? 여자 취급도 않는 야만적인 분위기를 우리들이 잘 알고 있잖아요. 왜 빼빼 마른 여자만 미인이라 부르죠? 그건 도대체 누구의 기준이고 누구의 판단이죠? 세상의 기초적인 미학조차 근거로 내세우지 않는 이런 오만한 미인의 기준이 어디서부터 나온 것이죠? 왜 이런 기준들이 생겨서 세상의 여성들에게 살 빼기를 강요하는 것이지요? 미스코리아 대회가 요구하는 미인상이 모든 사람의 미인상으로 둔갑해 버린 이 안타까운 현실에서 이영자라는 한 여성을 보며 마치 한줄기 희망의 빛이라도 본 것처럼 "살아 살아 사요나라"를 외치던 수많은 여성들, 혹 그들에 대한 연민은 느끼지 않나요?

이런 구조에 대해 한 마디도 욕설을 내뱉지 못하면서 왜 우린 이영자란 여성에게만 돌을 던져야 하는지 이해할 수 없습니다. 누군가를 향해 손가락질하기에 앞서 그가 그렇게 될 수밖에 없도록 내몰았던 우리 공동체의 잘못에 대해서 함께 책임을 느껴야 마땅한 것 아닌지요. 이영자의 눈물을 보며 우리 시대 수많은 여성들을 짓누르는 그 얼빠진 미인의 기준에 대해서도 돌을 던지고 싶습니다. ✺

나는 신장이 두 개 있단다

미국 노스캐롤라이나 페이트빌의 제인 스미스(42세) 교사는 자신의 반 (흑인)학생 마이클 카터(14세)가 늘 헐렁한 힙합 바지만 입는 것이 못마땅했다. 알맥스 애버트 중학교에서 과학 교사로 일하는 그녀는 카터가 신장병을 앓고 있다는 사실을 알지 못했다. 복부통증으로 허리띠를 엉덩이까지 내려 입는 카터에게 스미스 교사는 옷을 단정히 입으라고 몇 번이나 충고했다. 스미스가 충고하길 여러 차례. 참다못한 카터는 자신이 신장병에 걸려 병원에서 투석을 받고 있으며, 적절한 증여자를 찾지 못해 신장 이식수술을 받지 못하고 있다고 털어놨다. 충격이었다. 스미스 교사가 말했다. "나는 신장이 두 개 있단다. 이 중 하나는 너에게 더 필요하겠구나." 그녀의 이 한마디는 사제간의 벽을 단숨에 허물어 버렸다. ……나날이 악화되는 아들의 병세를 지켜볼 수밖에 없었던 카터의 부모는 담임 선생님의 제안이 너무 고마웠다. 조직검사 결과 놀랍게도 일치했다. 스미스는 크리스마스 휴가가 시작되는 즉시 신장 이식수술을 하겠다고 나섰다. (그녀는 말했다.) "병에 걸렸다는 사실은 한창 꿈을 키워 나갈 나이의 마이클을 위축시키고 있습니다. 마이클의 장래에 도움이 된다면 나는 아무런 고통도 느끼지 못할 것입니다."

몇 해 전인가, 어느 조간신문에 실린 기사입니다. 저는 스미스 선생님의 말 속에서 쿵 내리치는 무엇을 느꼈습니다.

나는 신장이 두 개 있단다, 나는 신장이 두 개 있단다, 나는…….

누군가에게는 생명과도 같은 것이 내겐 둘이라는 이유로 가치 없어져 버린, 아니 가치 없는 듯 여기며 사는 그 무엇을 느꼈습니다. 그것이 스미스 선생님이 말한 신체가 아니더라도 다른 사람의 생명이 달린 무엇을 나는 아무런 가책 없이 소진하고 있는 일이 흔합니다. 소유의 문제는 더욱 그렇습니다. 빈익빈 부익부라는 거대한 그림자로 인해 우리가 사는 세상이 얼마나 어두운지요.

하나님의 창조세계는 꼭 필요한 것들이 모자람 없이 존재하는 세계라고 배웠습니다. 하여 내게 남는다는 것이 남에겐 모자람을 의미한다는 거죠. 거리가 멀어 그 모자람의 비극을 직접 눈으로 보지 못할 수도 있고, 미래의 후손이 가져야 할 몫까지 미리 누리고 소진해 버리는 경우도 있습니다. 이것은 모두 제 몫으로 가져야 할 것 이상의 것까지 과하게 가지려는 인류사의 범죄를 그대로 드러냅니다. 요철(凹凸)처럼 그 차이와 다름이 만나 완전한 하나를 이루어 살기를 바라는 하나님의 창조의미가 더욱 소중해집니다. 실제로 주님께선 그 다름의 틈새를 잇기 위해 오셨지요. 사랑이란 바로 그 다름을 잇는 유일한 다리이니까 말예요.

내 마음이 눈뜰 때

전교생이 80명인 우리 학교와 70명인 세광학교가 나비 축제가 열리는 함평에서 수요일 전일제 수업을 갖는 날입니다. 두 사람씩 짝지어 나비를 보며 하루를 보내는 것이지요. 비장애인과 장애인의 만남 속에서 함께 사는 법을 배우란 뜻입니다. 여덟 살의 장애아 현민이가 제 짝입니다. 처음엔 손을 잡기도 싫어해 혼자서 걷습니다. 사람이 싫은 듯 보입니다. 현민이의 그런 마음 이해할 수 있습니다. 중학교 다닐 때만 해도 나는 꼴찌로 내리닫는 성적에, 잦은 가출로 친구(?)들은 물론 선생님들로부터도 거의 내놓은 아이 취급을 받았으니까요. 학교 가는 게 죽기보다 싫었고, 교복을 입은 또래아이들만 봐도 고개를 돌렸습니다. 아마 현민이도 나와 비슷한 울분이 있겠지요.

시간이 흐르면서 현민이는 마음을 열기 시작합니다. 누나, 나비는 어떻게 생겼어? 누나, 꽃은 예쁜 색깔을 가졌다며? 그런 질문들을 해옵니다. 그러나 현민이에게 나비를 설명할 말들이 떠오르지 않습니다. 하얗고 노란 꽃의 색깔을 그저 예쁘다고 말할 수밖에 없습니다. 숨이 콱콱 막혀 오는 듯합니다. 다시 현민이 얼굴을 봅니다.

생각에 잠긴 얼굴이 미소를 짓습니다. 아마 나비를 잡으러 뛰어가다가 뒤돌아서 꽃의 색깔을 칠하고 있는지 모릅니다. 눈으로 보지 않으면 의미 없을 나비와 꽃들이 현민이에겐 다른 의미로 다가오나 봅니다. 갑자기 속에서 스스로를 향해 뭔가 쿡 치미는 게 느껴집니다. 넌 뭐냐고 캐묻는 함성입니다. 나를 향한 나의 질문들, 지금까지 선생님에게 친구들에게만 던졌던 그 불만의 찌꺼기들이 모두 내게로 방향을 튼 것입니다. 현민이 마음속의 나비와 꽃처럼 나에게도 세상은 새로운 존재 이유를 줄 수 있을까요? 헤어져야 할 시간, 현민이는 내 손을 놓지 못합니다. 목걸이를 끌러서 현민이 목에다 걸었습니다. 현민아, 목걸이 만질 때마다 누나 생각해야 돼, 말하며 손을 꼭 쥐었다 놓습니다. 다음에 현민이를 만나면 그땐 나의 이야기를 해야겠다고 생각합니다. 현민이가 누나의 마음의 눈을 뜨게 해 줬다고 말입니다. (광주 동명고 1학년 김미정 양의 이야기)

동명고등학교는 이른 바 대안학교입니다. 틀에 박히고 강제적이기까지 한 일반 학교의 교육제도 속에서 그들의 꿈을 꽃피울 수 없었던 친구들이 모인 그런 학교입니다. 미정이도 그런 과거를 지닌 채 동명고에 들어왔을 것입니다. 그러나 동명고에서 미정이는 비로소 존재의 의미를 찾는 듯합니다. 교육이란 누군가의 말씀처럼 '생의 변화' 를 지향하는 것이어야 합니다. 우리 주위에는 미정이처럼 가능성이 묻혀 버린 채 얼굴 가득 수심으로 매일을 살아가는 수많은 십대들이 있습니다. 그들에게도 교육받을 권리가 있음에도 우리 교육은 그들을 배려하고 그들의 신음에 귀 기울일 관용이 없는 듯합니다. 하여 대안학교들이 필요합니다. ❀

서른여섯에 생각하는 선생님

　백 선생님, 제가 서른여섯이니 선생님은 예순이 가까운 할머니가 되셨겠네요. 선생님을 만난 때가 아마 선생님이 제 나이쯤 됐을 무렵인가 봅니다. 선생님 생각에선 지워졌을지 모르지만 제겐 아직도 생생하게 기억나는 '하루' 가 있습니다.

　무슨 일 때문인지 모르지만 그날 선생님은 외부에 출장을 가셨습니다. 당연히 우리는 하루 종일 신나는(?) 자습시간을 가졌지요. 아시죠? 그런 날 아이들은 으레 긴장이 깨지고 풀어져서 교실이 난장판이 되기 십상이지요. 대개 반장이 할 수 있는 방법이란 칠판에다 떠드는 아이의 이름을 적어 두는 것과, 반에서 힘깨나 쓰는 친구의 '위엄' 을 활용하는 것이 전부였습니다. 반장이었던 제가 쓴 방법들 역시 거기서 머물렀지요. 그러나 그날은 이런 방법들까지 무색했습니다. 급기야 옆 반 선생님들이 오셔서 매질에다 한마디씩 겁을 주고는 사라졌습니다. 담임선생님 오시면 다 일러 줄 테다, 뭐 그런 말이었습니다.

　오후 늦은 시간, 종례시간이 다 되어서야 선생님이 돌아오셨습니다. 옆 반 선생님들에게서 "수업이 안 될 정도로 떠들었다"는 질책성 보고, 아니 고자질을 들은 뒤 무척 상심한 모습으로 한참을 말없이 우리들을 보셨지요. 우리들도 그 심각성을 깨닫고선 쥐 죽은 듯 고개를 숙이고 있었습니다. 그렇게 한참이 지난 뒤 반장인 저를 나오게 하시고선 회초리를 제 손에 쥐어 주셨지요. 그 다음 선생님의 그 하얀 손바닥을 내밀면서 말씀하셨죠.

"모두 내가 잘못 가르쳐서 너희들이 이렇게 학교를 시끄럽게 했으니 내가 매를 맞아야겠다. 반장이 대표로 우리 반 아이들 숫자만큼 때려라. 힘껏 때리지 않으면 숫자에 넣지 않겠다."

한참을 고민하다가 결국은 제자가 스승을 때리는 씻지 못할 아픔을 겪어야 했습니다. 선생님의 눈에서 눈물이 떨어지고, 저 역시 얼굴이 눈물로 범벅이 되었지요. 반 아이들 모두가 고개를 숙인 채 울고 있었고요. 그러나 아시죠? 그 뒤로 우리 반은 시험만 치면 꼭 전체에서 가장 좋은 성적을 냈잖아요. 스승이 없다는 우리 시대, 문득 선생님 얼굴이 떠오릅니다. 제 나이 서른여섯, 지금 사무치도록 그 하얀 선생님의 손을 보고 싶습니다. ✿

민들레꽃도 아름다운 세상

초등학교 3학년 때의 어느 점심시간을 나는 영원히 잊지 못한다. 학교에서 하는 연극의 공주 역으로 뽑혀 몇 주일 전부터 어머니와 함께 열심히 대사를 연습하고 있었다. 그런데 집에선 아주 쉽게 술술 외워지던 대사가 학교 무대에 올라서기만 하면 한 마디도 생각나지 않는 것이었다. 선생님은 마침내 공주 대신 해설자 역으로 바꿔 버리셨다. 선생님은 부드럽게 말씀하셨지만 난 큰 충격을 받았다.

그날 점심시간, 어머니는 내 불편한 심기를 눈치채시곤 대사 연습을 하자 하시지 않고 정원에 나가 산책이나 하자 하셨다. 장미덩굴이 푸르름을 더해 가던 봄날, 거대한 느릅나무들 밑 군데군데에 민들레꽃이 피어 있었다. 어머니는 민들레꽃에 다가가더니 한 포기를 뽑으면서 말씀했다.

"잡초들은 다 뽑아 버려야겠다. 이제부터 우리 정원엔 장미꽃만 길러야겠어."

"그렇지만 난 민들레가 좋아요. 엄마, 꽃들은 다 아름다워요. 민들레꽃까지도."

나는 항의했다. 어머니가 말씀하셨다.

"그래 맞아. 꽃은 어떤 꽃이든 그 나름대로 우리에게 기쁨을 주지. 사람도 마찬가지란다. 누구나 다 공주가 될 수는 없는 거야. 그러니 공주가 되지 못했다고 부끄러워할 필요는 없단다."

학예회 날 무대 뒤에서 대기하고 있던 나는 긴장되고 불안했다. 시작되기 얼마 전 선생님이 내게 오셨다.

"너의 엄마가 이걸 전해 달라고 하셨다."

선생님은 내게 민들레꽃 한 송이를 건네 주셨다. 민들레는 꽃잎 끝이 말리기 시작했고 줄기도 시들시들했다. 그러나 그 민들레를 바라보며 어머니가 밖에 와 계시다는 생각을 하고 또 어머니와 점심시간에 나눴던 얘기를 생각하니 자부심이 되살아났다.

민들레교회가 만드는 주보 〈민들레 이야기〉에서 읽은 글입니다.

민들레처럼 살려는 사람은 많지 않습니다. 모두들 장미가 되길 바라거든요. 세상은 장미의 천국인 듯합니다. 민들레는 없어도 될 것이라여기는지도 모르겠습니다. 언제나 장미가 주인공이 되고, 세상의 모든 공주는 장미를 사랑해야 한다는 공식이라도 있는 듯합니다. 사랑의 표현도 장미로 해야 하며, 장미는 그 가시조차 아름답게 묘사됩니다.

그러나 세상은 장미로만 표현할 수 없는 수많은 아름다움들로 가득차 있습니다. 하여 장미의 천국은 존재하지 않습니다. 장미는 장미로서 아름답듯이 민들레는 민들레로서 아름다우니까요. 그렇게 장미는 장미로서, 민들레는 민들레로서 제각각 독립적이며 나름의 의미를 품은 채 존재합니다. 그것이 공동체와 함께 또 독립으로 존재하는 나의 가치입니다. 이런 분명한 자존감 없이 우리는 아무도 자유로울 수 없습니다. ❀

노인에 대한 존경은 삶에 대한 긍정

어렸을 때부터 부모님은 나에게 존경이라는 말이 정말로 무엇을 의미하는지 가르쳐 주셨다. ……특히 노인들에게는 더 존경심을 가져야만 했다. ……부모님은 나에게 말씀하셨다.

"어떤 사람이 말을 할 때 그 사람이 노인이건 아니건 아이들이 참견해서는 안 된다. 반드시 말씀이 끝난 후에 네가 말을 해야 한다. 노인이 길을 따라오고 있는데 공간이 충분치 않으면 옆으로 비켜나서 그분이 지나가게 해야 한다. 노인이 더운 날 밖에 앉아 있으면 '할아버지 목이 마르세요' 이렇게 말하지 말고 바로 물을 떠다 드리면서 이렇게 말해야 한다. '할아버지, 여기 물 있어요. 어서 드세요.' 그러면 노인이 고맙다고 할 것이고, 어쩌면 너에게 축복을 내릴지도 모른다. 하지만 그런 것을 바라고 그 일을 해서는 안 된다. 그냥 노인에 대한 존경심에서 그렇게 해야 한다."

노인을 존경하면 그것이 모든 것들로 확대된다. 그때 우리는 자연과 모든 생명체도 존경할 수 있다.

베어하트가 쓴 《인생과 자연을 바라보는 인디언의 지혜》(황금가지)의

한 구절입니다. 노인은 어린이와 함께 한 사회를 구성하는 약한 고리 가운데 하나입니다. 한 사회의 성숙도는 노인과 어린이에 대한 관심의 크기와 일치한다고 보면 틀림없습니다. 가을, 찬바람이 옷깃을 여미게 만드는 황혼의 시각에 거리의 노인들을 만난 적이 있습니까? 주름살 사이로 어둠이 고이고 축 늘어진 어깨 위에 인생의 흔적이 몇 꺼풀씩 쌓여 우리 젊은이들이 가질 수 없는 그들만의 환상을 지니고 사는, '또 다른 사람들' 처럼 보이는 노인을 본 적이 있습니까? 누구도 평가내릴 수 없는 세월의 무게가 노인들에게 있습니다. 그들을 존경하는 일은 그 세월을 뒤이어 사는 나에 대한 긍정이며 뒤따를 우리 후손에 대한 희망입니다. 이 대를 잇는 존경의 틀 속에서 인생은 비로소 의미를 갖는지 모릅니다. ✾

당신이 죽인 내 아들은 당신의 형제입니다

다수종족인 후투족과 소수종족인 투치족의 분쟁으로 수백만 명의 학살자를 냈던 르완다. 그 생지옥 같은 땅에서도 주님의 사랑은 활짝 꽃피고 있었습니다. 한국전쟁 중에 핀 손양원 목사의 사랑을 닮았습니다. 르완다 루헨게리에서 열린 월드비전의 평화를 위한 기도 주간에 소개된 간증입니다. 월드비전의 소식지에서 발췌해 요약합니다.

내 아들을 죽인 사람이 내 집으로 걸어오는 걸 보았습니다. 나는 단번에 알아보았습니다. 그가 내 아들을 잡아다 살해하던 날 그의 얼굴을 똑똑히 보았습니다. 그는 자리에 앉더니 내게 말했습니다. 자신이 내 아들을 죽였다고, 그리고 내가 이 사실을 알고 있다는 것도 알고 있었다고. 그는 계속 말했습니다.

"저를 법정으로 데려가서 재판을 받게 해 주십시오. 저는 재판을 통해 유죄판결을 받고 수감된 후 교수형을 받을 각오를 했습니다. 길을 갈 때든 잠자리에 들 때든 언제든지 당신의 모습이 보입니다. 당신은 저를 용서해 달라며 하나님께 간구하고 계시더군요. 당신의 이런 모습 때문에 저는 평화를 잃었습니다. 죄책감에 날마다 시달리고 있습니다."

나는 이 젊은이의 손을 잡고 이렇게 말했습니다.

"죄를 뉘우친 당신을 보니 너무나 기쁩니다. 하나님의 영이 죄를 깨닫게 하셨습니다. 나는 당신을 용서합니다. 그러니 당신이 재판을 받도록 할 수 없습니다. 나는 내 사랑하는 아들을 잃어버리고 또 당신까지 잃고 싶지는 않습니다. 그 대신 당신에게 부탁합니다. 날 사랑해 주세요. 그리고 당신이 죽인 내 아들은 당신의 형제입니다. 내 아들을 대신해서 내 아들이 되어 주세요."

도대체 어디까지일까요? 우리가 용서해야 할 범위는. 그리고 그 한 없는 용서의 힘은 무엇일까요? 이렇게 꼬리를 무는 대답을 찾아가며 하나님 없이 용서에 이를 수 있을까 생각합니다. 하나님의 가르침과 하나님의 힘에 의해 비로소 우리는 용서할 수 있음을 고백합니다. 이는 이미 내가 누군가를 용서할 수 있는 존재가 아니라는 의미입니다. 용서가 이미 나로부터 떠나 버린 하나님의 일이라면 용서는 자유로운 인간이 지니는 가장 특징적인 모습이 될 것입니다. ❋

건강한 평민들이 튼튼한 세상을 만듭니다

가장 괴로웠던 일이 무엇이었느냐는 질문에 오토마츠는 딸의 죽음을 말하지 않았다. 그것은 사적인 일이었기 때문이다. 인간 사토 오토마츠로서 가장 괴로웠던 일은 물론 딸의 죽음이고, 두 번째로는 아내의 죽음임에 틀림이 없었다. 그러나 철도원으로서 오토마츠가 가장 슬픔에 잠겼던 건 매년 집단 취업으로 (마을을) 떠나 (도시로) 가는 아이들을 플랫폼에서 배웅하는 일이었다.

"……너보다 두세 살 어린 아이들이 울면서 마을을 떠나갔지. 그걸 보고 차마 나까지 울 수가 없었어. 모두 정신 차리고 똑바로 잘들 해야 한다. 그렇게 아이들 어깨를 두드려 가며 웃어야 했던 게 제일 괴로웠지. 저쪽 홈 끝에 서서 기차가 안 보일 때까지, 기적 소리가 사라질 때까지 경례를 하고 있었던가……."

그러고 보니 그 무렵 그는 기관사였다. 집단 취업 기차에 탔을 때는 경례 대신 오래오래 경적을 울렸었다. 철도원은 무슨 일이 있어도 눈물 대신 호루라기를 불고, 주먹 대신 깃발을 흔들고, 큰소리를 내지르는 대신 호령을 뽑지 않으면 안 되었다.

일본에서 흥행한 영화 〈철도원〉의 원작(아사다 지로 지음) 중 일부입니다. 오토마츠는 하루에 한두 번만 열차가 다니는 시골 간이역의 역장입니다. 〈철도원〉은 이런 배경 속에 평생을 철도원으로 충직하게 살아온 오토마츠와 그를 아끼는 사람들의 이야기입니다. 기차가 발차하기 전이면 빠진 아이가 없나 헤아려 보고, 그의 아내는 한창 먹성 좋은 아이들에게 단팥죽이며 감주를 먹이는 인정이 보기 좋습니다. 또 딸이 죽어 가는 시간에도 깃대를 흔들며 눈물을 감추는 그의 직업정신이 감동을 자아냅니다. 그렇게 눈물 대신 경적을 울리며 살아온 삶이 하얀 눈처럼 시리고 아름답습니다. 소설 속의 주인공 오토마츠에게서 ‘위대한 평민’의 얼굴을 읽습니다. 하여 오토마츠처럼 제자리를 지키며 살아가려는 다짐을 함께 나누려는 것입니다. 건강한 평민들이 튼튼한 세상을 만들기 때문입니다. ✳

'그샘찻집' 엔 십대의 비상구가 있다

비 내리는 오후의 홍천은 더 깨끗한 세상이 됩니다. 어느 찻집에 앉았습니다. 저쪽 자리에는 중학생들로 보이는 학생들이 모여 반창회라도 하는 모양입니다. 또 누군가 문을 열고 들어섭니다. 학교를 그만둔 청소년들입니다. 모두들 '문제아' 라는 낙인을 받고 제각기 상처를 안고 있지만 이곳에선 순수한 웃음을 웃을 수 있습니다. 아, 중학생들이 들어갈 수 있는 찻집이라니, 의아해하셨겠군요. '그샘찻집 갤러리' 는 청소년들을 위한 쉼터입니다. 물론 어른들이 못 들어오는 압구정의 록 카페를 떠올리시면 오산입니다. 그샘찻집은 술도 담배도 음란비디오도 없습니다. 여기엔 성경구절을 쓴 예쁜 걸개들이 있고, 이런저런 장르의 그림들이 벽을 장식했습니다. 모퉁이엔 책도 꽂혀 있습니다. 처음 보는 이들이야 알 수 없겠지만 이 책 대부분은 기독교를 말하는 일종의 전도책자들입니다. 청소년들이 하나 둘, 또는 무리로 몰려와선 음료와 스낵을 먹으며 그들만의 세계를 이야기하는 장소지요. 여기서 비로소 건강한 기독교 문화의 힘과 향을 만나게 됩니다.

물론 눈살 찌푸리며 우려하는 이들 또한 없지 않습니다. 문제 청소년들이 우글거리는 것이 마치 무슨 소굴 같다는 폄하도 곧잘 합니다.

그러나 이곳을 드나드는 문제아(?)들은 여기서 비로소 따뜻한 격려를 얻고, 때론 일자리도 얻습니다. 그샘찻집의 종업원이 되는 것입니다. 그러다 주님을 만나면 언제 그랬냐는 듯 순한 양이 됩니다. 그들이 마음 붙일 만한 장소 하나 만들어 주지 못하는 우리 시대를 향해 그들은 문제아의 가면을 쓰고 저항을 시작했는지 모른다는 생각을 했습니다.

우리나라 젊은 여성 다섯 명 중 한 명은 유흥가에서 돈벌이를 하고 있다는 경악할 만한 통계결과를 들은 일이 있습니다. 가출 청소년은 해가 갈수록 늘어난답니다. 그샘찻집은 아무런 여과장치도 없이 유흥가로 흘러드는 이해할 수 없는 사회구조에 대해 어느 한 개인의 힘으로 생각해 낸 응급처치입니다. 그 열심과 치열함이 도리어 우리 사회를 향한 저항처럼 느껴지기도 했습니다. 이름 밝히기도 싫어하는 한 여성의 헌신이 여기에 담겨 있습니다. 강원도 홍천에 오시면 꼭 찾아 주십시오. 차 한 잔과 따뜻한 격려 한마디를 보태는 것도 잊지 마시구요.

(얼마 전 홍천을 찾았을 때 유심히 그샘찻집을 찾았지만 눈에 띄지 않았습니다. 그들이 함께하던 공동체조차 지금은 폐쇄됐습니다. 그의 남편이 교통사고를 당했다는 소식도 들었습니다. 그렇게도 삶이 치열했던 것이겠지요. 다시 그샘찻집을 찾고 싶습니다.)

어느 어머니의 용서

조간신문 사회면의 한 귀퉁이에 실린 '어느 어머니의 용서'란 토막 기사를 읽은 적이 있습니다. 자신이 살고 있는 아파트의 엘리베이터 안에서 고등학생인 딸에게 칼을 들이대고 성폭행을 저지른 십대 소년을 용서한 어느 어머니의 이야기입니다. 이 어머니는 자신의 딸을 성폭행한 청소년에게 어거스틴의 《참회록》과 도스토예프스키의 《죄와 벌》, 헤밍웨이의 《노인과 바다》 등을 읽은 뒤에 독후감을 쓰고, 가정 형편에 맞게 결손아동 돕기 성금을 내는 조건을 내걸어 용서하는 합의서에 서명한 것입니다.

먼저 어머니가 딸을 사랑하는 방식이 남다른 점에 놀랍습니다. 또, 딸이 당했을 그 아찔한 상황을 마음 저 밑으로 내리고 그의 표현처럼 "앞길이 창창한 한 젊은이"의 참된 반성을 촉구한 자세가 감동적입니다. 법이 만능일 수 있습니다. 그러나 그것뿐이라면 우리는 얼음판을 딛고 사는 것에 다름 아닙니다. 법은 또 다른 폭력을 낳아 왔습니다. 그래서 법은 언제나 최후의 선택이어야 합니다. 법이 지닌 강제적 벌을 선택하는 것이 가장 손쉬운 것이기 때문에 우리의 감정은 늘 법으로 달려가 버리는지 모릅니다. 이 어머니는 법의 강제성 그 이전에 있어야 할 또 다른 과정을 놓치지 않습니다. 사랑, 곧 하나님이 주신 사랑을 수용하는 믿음입니다. 더욱이 그 믿음을 표현해 내는 깊은 신앙입니다. 앎(아름)을 삶의 현장으로 드러내는 작업, 그래서 앎(아름)을 비로소 성취해 내는 것을 일컬어 '아름다움' 곧 미(美)라 한다면 이 어머니의 선택이야말로 참 아름다움입니다.

아들을 죽인 인민군을 양자로 삼아 훌륭한 그리스도인으로 만든 신앙인, 손양원 목사님을 떠올립니다. 아들을 제물로 내놓으면서 인류에 대한 용서, 곧 구원을 이뤄 내신 하나님의 사랑을 또 떠올립니다. 신앙이란 사랑을 얻고 그 사랑을 삶으로 실천함으로써 열매 맺는 것이라 한다면 그 사랑을 실천하는 대표적인 방식이 다름 아닌 용서인지 모릅니다. 우리는 용서에 대한 하나의 철학을 알고 있습니다. 용서란 우선 자신이 누리는 용서에 대한 깊은 묵상으로부터 시작하며 그 사랑에 대답하는 것이란 사실을 말입니다. ✺

비로소 나는 의사입니다

　방사선을 이용하는 암 치료 분야에서 그는 소위 명의입니다. 하루에도 몇 번씩 암 환자와 만나고 삶과 죽음을 오가는 그들의 아픔을 보아 왔습니다. 그러면서 그는 사람이 한 번 태어나서 죽는 것에 대해 어떤 이의도 달지 않는 사람이 됐습니다. 그는 또 우리나라 기독 의사들의 모임을 대표하는 사람으로 많은 의료 선교사들을 파송해 온 이력도 가졌습니다. 기독 의사들로부터 존경받는 그는 또 다른 의미에서의 명의, 곧 영혼을 사랑하고 육체의 아픔까지 치료하는 보기 드문 명의인 셈입니다.

　며칠 전 그의 가정을 찾았습니다. 한 해 정도가 지난 만남이었고 그 사이 무척 큰 변화가 있었습니다. 그의 아내가 골수암 말기 판정을 받고 투병 중이었습니다. 웃음도 언어도 어쩌면 생각조차도 잃어버렸을 아내를 소개하는 그의 표정을 보면서 안타까움이 앞섰습니다. 그리고 이런 생각이 번뜩 들었습니다. 참 별일이다, 지척의 아내가 저 지경이 되도록 몰랐다면 그를 두고 어떻게 명의라 할 수 있겠나 하는 생각 말예요. 그러나 그에게서 참 귀한 신앙고백을 들으며 그런 생각을 지울 수 있었습니다.

나 자신에게는 창피하고 하나님께는 원망스러웠어. 아내를 보면 안타까웠고……. 의사이면서 세상에 누구보다 사랑하는 사람이 암에 걸렸다는 사실이 견딜 수 없었네. 그러나 놀라지 말게. 난 이제 비로소 의사가 뭔지 깨달았네. 아내는 지금 수술을 받고 점점 상태가 좋아지고 있어. 아내가 그나마 이런 상태로 호전된 건 우리 의사들이 수술을 잘 해서가 아닐세. 가족들의 기도 덕분이지. 나 역시 하나님께 매달렸네. 비로소 의사인 나의 한계를 가슴 깊이 느꼈기 때문일세. 나도 여느 환자들의 가족처럼 사랑하는 이의 죽음을 담담히 맞을 수 없는 인간임을 많이 깨달았네. 그리고 무엇보다 내 환자를 처음으로, 정말 처음으로 그렇게 사랑해 보았네. 나는 어쩌면 사랑 없이 아니 진심으로 사랑하지 않으면서 환자들을 대해 왔는지 모른다고 생각했어. 그러면서 기독 의사입네 한 걸세. 이 늘그막에 하나님께서 나를 비로소 의사로 만드신 걸세. ✸

보이지 않아도 사랑은 있다

최창현 씨는 손과 발을 마음대로 쓰지 못하는 1급 장애인입니다. 말한 마디를 하려면 온몸을 뒤틀어야 할 정도입니다. 휠체어를 미는 일도 입으로 해야 합니다. 그런 몸으로 최 씨는 미국 대륙을 횡단하는 일에 나섰습니다. 아직 어느 누구도 해 보지 못한 일입니다. 제 몸 가누기도 어려운 사람이 그런 모험에 나선 까닭은 의외로 매우 단순했습니다. 자신과 같이 장애를 가진 이들, 생활고에 시달리다 좌절한 사람들, 그들에게 용기를 주고 싶었기 때문입니다. "이런 몸으로 미국 대륙을 횡단하면 모든 이들이 나는 무엇이든 할 수 있다며 용기를 얻을 것"이라 생각했던 것입니다.

2001년 6월, 1년 가까운 기간을 미국에 머무르며 횡단에 성공하고 돌아온 최 씨는 그러나 자신의 성공을 이야기하지 않았습니다. 도리어 자신의 성공이 수많은 도움의 손길 때문에 가능했음을 강조했습니다. 전동휠체어 석 대를 거저 내준 분, 비행기 왕복 티켓을 댄 항공사, 그리고 시장 노점상을 하시는 이웃 할머니의 2만 원 후원까지 온통 도움의 연속이었습니다. 미국에서 교통사고로 골반 뼈가 어긋나는 일까지 생겼지만 그때도 역시 아름다운 도움의 손길이 있어 가능했습니다. 자원봉사자로 함께 간 이경자 씨는 최 씨가 치료를 받기 위해 머무는 동안 슈퍼마켓에서 아르바이트를 하며 아파트 비용을 벌었습니다. 좁은 길을 휠체어로 횡단할 때는 차들이 그의 뒤에서 경적조차 울리지 않고 천천히 따라와 주었고, 그들의 엄지손가락을 내밀며 격려의 말을 던져 주었습니다.

온갖 어려움을 겪으면서도 그는 그런 도움들로 인해 미국 대륙을 횡단할 수 있었습니다. 그는 이제 새로운 메시지를 이야기합니다. 자신이 성공했으니 용기를 가지라 하지 않고, 나의 성공 뒤에 수많은 이들의 사랑이 있었음을 기억하라고 말합니다. 세상에는 그런 아름다운 손길들이 있어 용기를 가질 만하다고 말합니다. 그래서 아름다운 세상입니다. 20세기는 들꽃들의 세기였습니다. 

고마운 손 같은 사람들

손톱을 깎다가
문득
처음 만난 듯
반가운 나의 손

매일 세수하고 밥을 먹고
청소하고 빨래하고
글을 쓰면서도
고마운 마음을 잊고 살았구나
"미안해"

밭에서 일할 때면
다섯 손가락 사이좋게
함께 땀 흘리며 기뻐했지?
바다에서 조가비를 줍거나
산 숲에서 나뭇잎을 주울 때면

움직이는 시가 되었지?

사이가 나빠진 친구에게
내가 화해의 악수를 청할 때
맑고 고운 정성을 모아
누군가를 위해 기도드릴 때면
더욱 따스한 피 고여 오던
흐뭇해하던 나의 손

눈여겨보지 않았던
손마디에, 손바닥에 흘러가는
내 나이만큼의 강물을
조용히 열심히 들여다보며
고맙다 고맙다 인사하는 내게
환히 웃어 주는
작지만 든든한
나의 손, 소중한 손

이해인 수녀님의 〈고마운 손〉이란 시입니다. 늘 신세지면서도 신세로 느끼지 못하고 당연한 듯 받아 누리는 고마운 손 같은 이들을 떠올렸습니다. 작은 키에 얼굴이 예뻤던 주일학교 선생님, 이제 교회 나올 의미가 없다며 응석부리면 다른 설명 없이 "싫어, 그러면 보고 싶어서 어떻게 해" 하시던 선생님의 그 순수한 목소리가 떠올랐습니다. 마음에 울컥 분이라도 끓으면 찾아가 "커피 한 잔 해요" 하면 으레 하던 일을 멈추고 분이 풀리도록 내 옆에서 웃으며 들어주는 직장 선배님, 마음이 느슨해지고 요리조리 쉬운 일 찾으려고 눈을 돌릴 때면 어김없이 "선생님 저 ○○예요, 숙제로 내주신 책 읽고 감동을 함께 나누고 싶었는데……, 꼭 전화 주셔요" 하는 메지지를 남겨 화들짝 나를 되돌아보게 만드는 교회 우리 반 친구들, 아들 녀석이 밖에서 울기라도 하면 곧장 애를 업고 뛰어오시는 꼭 아버지 같은 경비 아저씨……. 그들 모두 없어선 안 될, 그럼에도 늘 잊고 사는 나의 손 같은 소중한 분들입니다.

그리고 무엇보다 빈집에 홀로 있으면 느껴지는 허전함, 그래서 잠시만 집을 비워도 텅 빈 집 같은 느낌, 아내가 늘 곁에 있었음을 또 비로소 깨닫습니다. 엄마 손을 잡고 엄마랑 시장에 있을 장난꾸러기 아들 녀석 역시 빠질 수 없는 내 생활 속의 소중한 얼굴들입니다. 문득 넉넉해진 나를 발견합니다.

세상은 온갖 다름이 공존하는 곳

바쁜 일상들을 미루고선 남도행 열차에 올랐습니다. 가을걷이가 끝난 들판, 잎들이 지고 난 뒤 가지들만 빼곡한 겨울산, 차창으로 와 닿아 따스함으로 부서지는 햇살들, 도시를 벗어난 세상은 금세 여유를 찾습니다. 안드레아 보첼리의 성가를 듣습니다. 소란하고 복잡한 지하철에선 느낄 수 없던 세밀한 소리까지 듣습니다.

열차는 이제 천안에 들어섭니다. 가까운 선배가 장인의 장례를 치른 곳입니다. 밤새워 인생을 이야기한 곳이지요. 지금은 연락조차 끊고 사는 선배의 그 입담 좋던 모습이 생각납니다. 함께 일하며 많은 것에서 서로 부딪쳤습니다. 그런 부딪침 끝에 서로 다른 길을 선택했습니다. 우리는 참 달랐습니다. 제게 일이 우선이었다면, 선배는 사람과의 관계가 우선이었습니다. 선배는 문학이나 음악에 빠지기 십상이었던 반면에 저는 사회나 정치 쪽에 관심이 많았습니다. 심지어 선배는 전라도 사람이었고 전 경상도 사람이었습니다. 대통령 선거나 야구시합이 있으면 우리는 또 부딪쳤습니다. 어쩌면 함께 있던 직장을 그만둔 데는 선배의 역할도 톡톡히 한몫했는지 모르겠습니다.

그렇게 일그러진 관계로 각자의 길을 떠나 버린 사람들이 그 선배만은 아닙니다. 참 어려울 때 등록금까지 대주던 외삼촌도 연락이 끊긴 지 무척 오랜 세월이 지났습니다. 외삼촌네는 독실한 불교 집안인데다가 전 교회 다닌답시고 서로에게 주었던 상처가 이런 먼 관계로 남게 된 원인인지 모릅니다. 책 한 권을 고르면서도 나와 성향이 다른 수많은 책들의 가치를 폄하하는 저를 봅니다.

세상은 온갖 다름이 공존하는 곳입니다. 이 다름이 서로 분쟁하고 모두 갈라선다면 세상은 아마 지옥이 될 것입니다. 주님이 오신 까닭은 이 다름을 하나로 만드시기 위함이었습니다. 하나님과 인간의 다름을 잇고, 낮은 자와 높은 자, 가진 자와 못 가진 자, 나이든 자와 어린 자, 남자와 여자, 나와 다른 사람, 우리 편과 저쪽 편……. 그리고 주님이 자신을 일러 이름 한 사랑이야말로 이 다름 사이에서 그 틈을 이어주는 희망의 대안이었던 것입니다. 주님을 생각합니다. 다름을 이어 하나 됨의 평화를 만들기 위해 오신 샬롬의 주님, 그분을 더 깊이 마음으로 담아야겠습니다. ✿

다른 것은 틀린 것이 아니다

동국대에서 훼불사건이 일어난 적이 있지요. 누가 그런 짓을 했는지 아직 밝혀지지 않았지만, 많은 사람들은 동국대의 기독교 학생 가운데 누군가 그랬을 것이라고 생각했습니다. 실제로 동국대에서 기독교 동아리 활동을 하던 학생들이 학교로부터 많은 눈총을 받기도 했습니다. 물론 성경에는 우상을 섬기는 산당을 파괴한 이스라엘의 행동이 하나님으로부터 칭찬을 받습니다. 그런 똑같은 눈으로 동국대에 가서 불상을 훼손한 행동까지 '영웅적'으로 봐야 할까요? 만약 그렇게 하는 것이 교회가 장려할 만한 행동이라면 어떤 결과가 일어날까요? 전쟁이 나겠지요. 눈에 보듯 훤한 사실입니다.

관용은 우리처럼 다종교사회에서 살아가는 이들에게 꼭 필요한 덕목입니다. 나와 다른 생각을 가진 사람들에 대해서도 참아야 한다는 것입니다. 다른 것은 틀린 것이 아니기 때문입니다. 대신 끊임없이 대화하고 설득하며 나의 옳음을 행함으로 실천하여 증명하는 것입니다. 전도에서도 이런 원칙이 존중돼야 합니다. 미련한 말보다는 현명한 실천이 힘을 갖기 때문입니다. 주님의 희생은 그런 전도의 원칙을 너무나도 뚜렷이 가르쳐 주십니다. 하여 죽기까지 사랑하는 것을 최고의 신앙으로 꼽는 것입니다. 나와 다름을 이기는 길입니다.

　우리나라에선 자본주의를 욕하는 것만으로도 '빨갱이'가 됩니다. 그것은 우리 민족이 가진 아픈 과거 때문이기도 하지만 철저히 관용에 대한 무지 때문이기도 합니다. 우리 민족은 좌니 우니 하는 이데올로기의 망령에 씌어 도저히 용서할 수 없는 살육행위를 저질렀습니다. 생각만 해도 몸서리치는 역사입니다. 그러니 이데올로기로 통일이 될 것이라 생각하면 오산입니다. 그러므로 형제이기 때문에 함께 살아야 한다는 인간애로부터 통일은 시작돼야 합니다. 그러나 현실은 여전히 북한이 형제이기보다 이데올로기가 다른 적으로 비치나 봅니다.

선입관을 지워야 참 만남이 보입니다

병실에 들어가서 그의 얼굴을 보는 순간 들고 있던 V/S 노트(시간마다 환자의 맥박이나 체온 등을 기록한 노트)를 떨어뜨린 채 "악!" 비명을 지르고 말았다. 붕대를 벗겨 낸 그의 얼굴은 정말 내가 상상도 못했던 모습이었다. 언젠가 텔레비전에서 본 징그러운 파충류가 바로 내 앞에 있는 듯했다. 안경을 걸친 콧대에서 대충 멈춰 버린 콧날, 흔적 없이 사라진 귀, 가까스로 반절만 남아 다섯 개를 채운 손가락들……. 그가 이상하리만치 밝은 미소를 띠며 내게 손을 내밀었다, 그동안 정말 고마웠노라며. 오, 잡고 싶지 않았다. 내 손가락조차 그렇게 반죽이 돼 버릴 것 같았다. 바들바들 떨면서 겨우 잡은 채, "뭘요"라며 간신히 대답했다. 그가 말했다.

"붕대에 감겨 있는 동안 줄곧 내 얼굴이 어떻게 됐을까 궁금했어요. 두려울 때마다 범사에 감사하라는 말씀을 수백 번, 수천 번 중얼거렸지요. 그리고 어젯밤 붕대를 풀어 낸 내 얼굴을 보았을 때, 나도 거울을 놓쳐 버렸답니다. 그리고 한밤중에 혼자 깨었을 때였어요. 내 심장이 팔딱팔딱 뛰고 있음이 들렸습니다. 신기하고 감사했습니다. 하나님이 이렇게 생생히 살아 계심을 느낀 것입니다. 지금 내 얼굴이 보이는 것만으로도 난 감사했어요."

그의 눈에 눈물이 어려 있었다. 난 기도했다. 내가 가진 예쁜 코와 귀와 눈, 그리고 숫자가 딱 맞는 손가락을 갖고 있었지만 여태껏 한 번도 감사하지 못한 불구자였음을 회개했다. 나도 잠자다 일어났을 때 내게 심장이 뛰는 걸 느끼고 감사하고 싶었다. 물론 죽음이란 잠에서 깨났을 때도 말이다.

내수동교회의 청년부 주보인 〈어부들〉에 나오는 글입니다. 지금은 주부가 된 김해정 씨란 분이 썼습니다. 고맙고 감사한 마음으로 옮겼습니다. 문득 만나는 감사의 환희를 함께 공유할 수 있어 아름다운 글입니다.

묵상 제목 한 가지를 떠올립니다. 외모, 눈으로 보이는 그것입니다. 세상을 만만찮게 살아 본 사람들은 알고 있습니다. 세상을 사는 데 외모가 차지하는 비중이 적지 않음을. 주님은 외모로 사람을 취하지 말라 말씀하셨지만 그렇게 강조하신 만큼 세상은 거꾸로 외모를 중시합니다.

우리가 알다시피 선입관은 감사하는 마음을 차단하는 바리케이드 같은 것입니다. 선입관 없이 누군가와 만나고 싶습니다. 외모에 대한 선입관 때문에 소외된 이웃이 생겨나는 현실, 그것은 인권이란 거대한 담론에 휘말릴 수 있는 큰 문제입니다. 이것을 가벼이 넘겨 버리는 우리들이 혐오스럽습니다. 우리 모두는 하나님 앞에 있으며, 하나님 앞

에서 나보다 소중하지 않은 존재는 아무도 없습니다. 이것이야말로 우
리의 자유를 보장하는 대헌장입니다. ✿

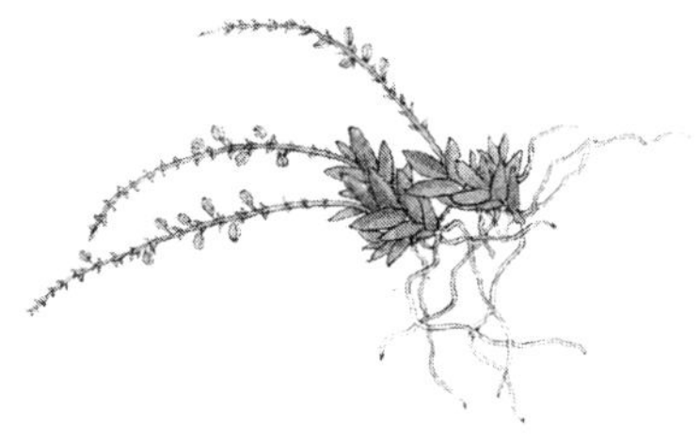

목사님, 떠나지 마세요

강원도 산골에서 15년 동안 목회를 해 오신 목사님이 계십니다. 마을 사람들과 함께 그들의 고민을 들어 주며 몸으로 마음으로 섬겨 왔습니다. 마을 사람들과 살아가는 이야기들이 목사님의 글에 실려 많은 사람들에게 전해졌고, 그들 마음을 잔잔한 감동으로 채워 주었습니다. 가령 저처럼 아이를 유치원에 보내는 부모에게는 아이를 사랑해 주는 선생님을 만나는 것이 무엇보다 큰 복이지요. 이런 선생님들의 가치는 아이가 그 선생님과 헤어져야 할 때 잘 나타납니다. 또 동네에 양심적인 약사나 의사 선생님이 있다는 것도 얼마나 큰 복인지 모릅니다. 제가 사는 동네에도 그런 분이 계셨는데, 어느 날 그분이 떠나고 난 자리가 얼마나 커 보이던지 스스로 놀랐던 기억이 있습니다. 마찬가지로 오로지 마을 사람들을 섬기기 위해 그 아득한 산골로 들어오신 목사님이 있다는 게 얼마나 큰 복인지, 마을 사람들은 느끼고 누리며 살았던 것입니다.

여름날 갑자기 소나기가 내릴 때 목사님은 아무 집에나 들어가 빨래를 걷어 주었고, 노인들의 외로움을 덜어 주기 위해 말벗을 자청했으며, 하나뿐인 초등학교가 폐교되는 것을 막아 보려고 무던히도 많이 애썼습니다. 동네 아이들을 모두 데리고 미국 여행도 다녀왔습니다. 마을 사람들처럼 농부가 되어 함께 농사도 지었습니다. 그러는 사이 사람들은 문제가 생길 때마다 목사님을 찾게 됐습니다. 자연스레 아이들에게는 세상에서 가장 훌륭한 사람이 목사님으로 비쳐졌습니다. 그런데 얼마 전 목사님이 이 마을을 떠나 외국으로 목회지를 옮겨야 할 상황이 됐습니다. 마을 사람들이 목사님께 찾아와선 "우리가 모두 교회 나올 테니 떠나지 마세요"라며 애원했습니다. 그러나 목사님은 어쩔 수 없이 그들의 정을 뒤로한 채 지금보다 더 힘든 곳으로 떠났습니다. 한동안 서로들 잠 못 이루는 밤이 펼쳐질 것입니다.

목회에 대해 생각했습니다. 말 그대로 양을 치는 일입니다. 선한 목자의 모습은 이미 주님을 통해 배운바 있습니다. 양을 위해 존재하는 목자, 아니 양을 위해 존재하는 일, 이를 가리켜 목회라 한다면 그런 목자 곧 목사들이 있는 교회, 그 교회가 자리한 지역은 얼마나 큰 복일까 생각합니다. 그렇다면 이 땅에는 얼마나 많은 교회들이 있을까요?

(원주에서 30여 분 들어가는 산골에 자리한 단강감리교회를 목회하셨던 한희철 목사님 이야기입니다. 현재 독일 프랑크푸르트에서 목회하고 계시며, 단아함이 묻어나는 글을 통해 여전히 한국 교회를 섬기고 있는 분입니다.)

아름다운 지성, 김성수

성공회대학교의 김성수 총장님 이야기입니다. 〈뉴스앤조이〉에 '김성수 총장은 꽃을 든 남자'란 제목으로 기사 한 꼭지가 실렸습니다. 새로 부임한 김 총장님이 개강을 맞아 학교에 오는 학생들에게 꽃 한 송이씩을 나눠 주며 "공부 잘 했니? 공부 열심히 해" 하는 모습이 사진에 담겨 있었습니다.

아침에 본 그 기사는 하루 종일 저를 흐뭇하게 만들었습니다. 대학이란 곳에서 총장님을 만나는 게 쉬운 일은 아닌 듯합니다. 권위 때문이지요. 아니 권위주의 때문이지요. 권위주의란 게 결국 마음보다 직책이 앞서니까요. 김 총장님의 그런 행동은 결국 자신이 총장으로 있는 학교의 학생들에 대한 사랑의 표현인 셈입니다.

총장님의 이런 애정은 휴학을 하고 군에 가 있는 학생들에게도 그대로 전달됐습니다. 몇 주 전에 본 어떤 신문에선 주말을 이용해 경기도 연천에 있는 군부대를 방문하여 복무 중인 성공회대 휴학생들을 일일이 만나 격려해 주고 있었습니다.

"임마, 자네가 우리 학교의 희망이야."

총장님이 던지는 이런 말 한 마디 한 마디에 학생들은 감격했습니다.

그뿐 아닙니다. 교내 동아리가 '차 없는 날'을 선포해 행사를 가질 때 김 총장님은 학생들과 같이 인라인 스케이트를 타고 교내를 다녔다고 합니다. 자취하는 학생들이 밥해먹기 귀찮아 밥을 굶는 걸 아시고는 요즘 한 달에 하루는 모든 자취하는 학생들에게 점심을 사 주는 날로 정했다고 합니다. 생일을 맞은 학생들에겐 매월 하루를 정해 생일 파티를 여는데, 총장님이 큰 케이크도 준비합니다. 여기에 드는 모든 비용은 총장님 주머니에서 나온다고 합니다. 그는 이미 장애인들을 사랑해 아내와 함께 장애인을 위한 유치원을 열었고, 장애인들이 가고 싶어하는 근로시설로 소문난 '우리 마을'을 설립하신 분입니다. 그러나 군부독재 시절 경찰이 교회에 난입했을 때는 단식하며 항의했던 지사(志士)이기도 합니다.

성공회대 교수님 한 분에게서 김 총장님에 대한 몇 마디 평가를 들었습니다. 그는 처음엔 총장님 부임에 대해 우려하는 마음이 있었다고 합니다. 아무래도 정치를 읽고 사회에 대해 분석을 내리기엔 총장님의 동작이 느릴 것이 분명했기 때문입니다. 그러나 그는 요즘 이런 자신의 판단을 거두었습니다. 성공회대 학생들의 그 행복한 모습을 보면서, 그는 비로소 세상을 바꾸는 거대한 힘이 어떤 것인지 깨달았다고 합니다. 김 총장님이야말로 어떤 젊은 투사들보다 더 치열한 투쟁의 현장에 서 계심을 깨달은 것입니다. ❋

예수님의 친구

동쪽 바다가 훤히 뚫린 포항에는 이 도시의 할머니 할아버지들에게 특히 인기 좋은 병원이 있습니다. 에스페로 병원입니다. 이 병원엔 언제나 진료순서를 기다리는 노인들로 붐빕니다. 이렇게 줄 선 노인들을 무시하기라도 하듯 의사가 환자 한 명을 진료하는 시간은 여느 병원과 비교해 훨씬 깁니다. 그러나 아무도 의사나 간호사를 향해 '빨리 빨리'를 말하지 않습니다. 원장 박화종 씨의 독특한 의사정신을 아는 까닭입니다.

그는 노인성 내과질환의 원인 가운데 많은 경우가 속앓이 때문으로 파악합니다. 그러니 환자의 마음을 풀어 주는 게 좋은 치료방법일 수밖에 없고, 그러자면 그들 속에 켜켜이 쌓인 이야기들을 들어 줘야 합니다. 속이 시원할 때까지 이야기를 듣습니다. 노인들도 이런 박 원장의 진료방식이 마음에 드는지 이곳에만 드나들게 됐습니다. 물론 에스페로 병원은 언제나 대기하는 환자들로 가득하지만 수입 좋은 병원은 될 수 없습니다.

박 원장은 "의사는 서비스직이 아니라 성직이어야 한다"고 주장합니다. 그러니 적지 않은 수입으로 적당한 사회적 신분을 인정받는 그런 '의사 계층'엔 아예 들기를 포기한 셈입니다. 그이 스스로 그렇게 성직자처럼 살기를 바라고 또 그렇게 환자를 보아 왔습니다. 그러니 환자 한 사람도 그이에겐 최선을 다해서 마주할 수밖에 없는 '소자로 오신 예수님' 입니다.

　진료가 끝나 병원 문을 닫으면 양로원이나 고아원들을 찾아 나서는 시간입니다. 그들에게 자신이 필요한 사람이라 느껴질 때 이미 박 원장은 그들의 이웃이 됩니다. 이웃이기에 선한 사마리아인의 행함을 가질 수밖에 없습니다. 언젠가 의약분쟁이 일어났을 때 위(?)로부터의 지시에 못이겨 병원 문을 닫은 적이 있습니다. 그이는 의사가 된 후 이때를 가장 마음 아픈 시간으로 기억합니다. 이웃을 외면한 시간이었기 때문입니다. ✽

3

세상살이를 살맛나게 하는 소망 향기

내 아이가 그 주인공이길 기도하는 정직한 부모들을 만났으면 합니다.

내 아이의 의로운 고난을 위해 기도하는 일, 이보다 큰 일이 없으리라 생각합니다.

세상은 그런 부모를 둔 자녀들을 통해 그만큼 진보할 것이기 때문입니다.

미안해요, 여보

벌써 3개월째 빈둥거리며 놀고 있는 실직자입니다. 네 살배기 아들은 그렇게 바쁘게 살던 아빠가 매일같이 곁에 있어 주니 살맛이 나나 봅니다. 아내의 얼굴엔 가끔 그늘이 스쳐 갑니다. 그러나 한 번도 내색은 않습니다. 며칠 전 일자리를 알아볼 양으로 친구를 만나러 나갔는데 아내에게서 전화가 왔습니다. 아침에 읽은 성경말씀이 위로가 되었다며 소개하는 것입니다. 그날 아침, 저도 같은 성경을 읽고 참 기뻤는데, 그 위로를 부부가 함께 나눌 수 있으니 더욱 감사하다는 생각이 들었습니다.

아내는 눈물이 많습니다. 내가 너무 무뚝뚝한 반면 아내는 무척 밝습니다. 얼마 전 아내에게 "나 같은 사람 만나서 고생만 하고…… 미안하다"며 속에 있던 말을 했습니다. 아내는 "고생은 무슨……" 하면서 부엌으로 가선 연신 눈물을 훔칩니다. 내게 안 보이려 하지만 그렇다고 모를 리 없습니다.

아들과 함께 집에서 얼마 안 떨어진 공원으로 자주 산책을 갑니다. 그 불안한 여유가 낯설어 나도 깜짝 놀라지만, 그보다 더 나를 가슴 저미게 만드는 건 길가를 바삐 오가는 제 또래 직장인들을 보는 일입니

다. 가슴이 콩닥거리며 얼굴이 붉으락푸르락합니다. 그럴 때면 네 살
밖에 먹지 않은 아들 녀석에게 뭔가를 들킨 것처럼 어쩔 줄 모르는 저
를 봅니다.

그러나 이런 생활을 석 달째 해 오면서 저는 참 신기한 경험을 합니
다. 목사님의 설교 한 마디 한 마디가 모두 새롭습니다. 성경말씀을 읽
어도 저를 위로하시는 주님이 보입니다. 직장생활을 하며 바삐 돌아칠
때 아내가 늘 "당신은 차라리 실직을 해서라도 주님을 더 깊이 만나는
게 나을 텐데……" 했는데, 지금 그 말이 그대로 이뤄진 셈입니다. 아
내는 가끔 자기가 괜히 그런 몹쓸 말을 했다며 사과하지만 전 도리어
감사하게 됩니다. 곧 다시 새로운 직장을 갖게 되겠지요. 그렇게 생각
하면 이렇게 실직해 가족들과 이야기하고 나의 여유로 주님을 느끼는
시간이 얼마나 귀한지 모르겠습니다.

(이 이야기는 한 실직자 가정을 취재한 뒤 그 가정의 남편 된 마음으로 옮겨
본 것입니다.)

은혜산부인과 이야기

은혜산부인과에 가면 아빠도 엄마와 함께 아기를 낳아야 합니다. 보호자 금지구역인 분만실에서 남편도 아내와 함께 호흡을 맞추며 아내만큼 땀도 흘리면서 아기의 첫 울음이 터질 때까지 함께 고생해야 합니다. 그렇게 태어난 아기는 엄마 품에 안긴 채 아빠의 첫 축복기도를 받고 엄마의 젖을 먹습니다. 어떤 아빠는 '아빠가 보내는 편지'를 준비해 읽어 주기도 하고, 함께 노래하는 광경도 종종 벌어집니다. 아내에게 화관을 씌워 주고 비디오를 촬영하는 아빠의 모습도 발견할 수 있습니다. 그리스도인이면 누구나 이런 과정을 거쳐야 하는 게 은혜산부인과의 법칙입니다.

불신자들의 경우, 원하면 친척들을 불러다 기도하기도 하고 장부용 원장이 직접 기도를 해 주기도 합니다. 그리고 은혜산부인과엔 신생아실이 없습니다. 모자동실, 엄마와 아기와 아빠가 함께 회복의 시간을 보내야 하는 것입니다. 엄마 아빠에겐 물론 잠 못 이루는 밤이 이어지지만 이런 과정 없이 부모가 될 수는 없는 법, 자연스레 연대성 형성(bonding process)이 이뤄집니다. 또 한 가지, 우리나라가 38퍼센트로 세계 1위를 차지하고 있는 제왕절개수술 비율이 은혜산부인과에선

17.9퍼센트로 뚝 떨어집니다. 우리나라 산부인과들 가운데 제왕절개율이 가장 낮은 병원이지요. 임신중절수술? 은혜산부인과에선 아예 생각도 못할 일이며, 장 원장은 그의 의사생활 23년 동안 단 한 차례도 해 보지 않았다 합니다. 처음에는 '하면 안 된다' 는 자신 속의 율법이었고, 이제는 생명에 대한 경외감 때문이라 합니다. 적자만 보는 것 아닐까 우려되시죠? 처음에는 그런 우려 때문에 개원을 망설였지만 하나님은 지금 '빠듯할 정도로' 사람들을 보내 주시고 있습니다. 게다가 여성민우회는 은혜산부인과를 '아름다운 병원' 으로 선정, 세상에 이런 병원이 있음을 칭찬했습니다.

우리 동네엔 이런 산부인과가 있을까요? 사실 생각해 보면 한 생명이 태어나는 그 출산의 순간은 얼마나 소중한 시간입니까? 그런 시간을 우리는 마치 방앗간에서 떡가래 뽑듯 기계적으로 아이를 받아내 왔습니다. 사람다움은 바로 이런 소중한 시간을 소중하게 보내는 것이라 생각됩니다. 그런 환경을 만드는 데 우리들이 일꾼처럼 쓰이면 좋겠습니다.

우리 누이의 '까만 눈물'

우울한 이야기입니다. 2000년 9월 19일 오전, 전북 군산에서 감금 상태에 있던 매춘 여성 다섯 명의 목숨을 한꺼번에 앗아간 화재가 일어났습니다. 이 여성들 가운데 한 사람, 갓 스무 살의 임 아무개라는 여성이 평소 쓴 일기가 한 주간지에 공개됐습니다. 하루하루를 어떻게 살았는지 엿볼 수 있는 글이었습니다. 특히 "도와주세요, 주여"란 구절이 눈에 띄었습니다. 그러니까 그건 어찌 보면 우리 '누이'의 '기도문'이었습니다. 죽지 않기 위해 매춘을 해야만 했던 이 누이의 눈물어린 아픔이 가슴으로 전해져 왔습니다.

살고 싶다. 정말 살고 싶다. 사람답게 여자답게 살고 싶다. 순결해지고 싶다. ……거울 속 내 모습을 보았다. 난 간 데 없고 누군가 모르는 여자가 있다. 묻고 싶다. 왜 그렇게 변했냐고. 부끄럽고 창피하지 않냐고. ……벌써 2월이 다 가고 있다. 곧 봄이 올 텐데. 언니가 너무 보고 싶다. 생각난다. 언니랑 부대찌개 먹으러 갔던 날이. 너무 보고 싶다. 언니도 내가 보고 싶을 거야. 빨리 빚을 갚고 내가 사랑하는 언니를 만나러 가고 싶다. 하나님 도와주세요.

까맣게 타 버린 누이의 몸은 말이 없습니다. 그러나 여전히 "하나님, 도와주세요"라고 부르짖는 목소린 잠들지 않고 우리가 살고 있는 서울 그리고 또 다른 군산에서 웅성거리고 있습니다. 순결해지고 싶어하는 그들이 옷을 벗고 자신의 순결을 약탈당하는 현장, 그 곁에서 나는 햄버거를 먹고 시끄러운 음악을 듣습니다. 무관심입니다. 꼭 이렇게 불이 나고 까맣게 타 버린 우리 누이들이 울부짖으며 호소해야만 비로소 귀 기울이는 우리들입니다. 경찰도 행인도 무심코 지나 버리는 그 골목에 우리의 누이들이 목매어 울부짖고 있습니다.

항상 거울을 보며 묻는다. 너 여기 지금 왜 있니? 빨리 집으로 가야지. ……하나님, 저에게 한 번의 기회를 주신다면 정말 성실하게 옛일들을 뉘우치며 살겠습니다. ……산다는 것이 힘들고 어려운 줄은 알았지만 이건 아닙니다.

가을하늘을 보듯 아버지를 봅니다

아버지는 툭하면 술이 취해 오밤중에 집에 들어왔다. 게다가 술집 색시를 업고 들어오기가 예사였다. 어머니는 입 꾹 다물고 술국을 끓였고 할머니는 집안 망해 먹는다고 종주먹질을 해댔다. 집에는 술집 여자가 남기고 간 향수냄새가 며칠 동안이나 남았고 나는 그 냄새가 무척 싫었다. 아버지는 품삯 못 받은 광부들에게 멱살을 잡히기도 했고 그들과 어울려 핫바지춤을 추기도 했다. 빚 받으러 집까지 쳐들어온 화약장수들이 사랑방에 죽치고 앉아서 내게 술 사 오라, 담배 사 오라 시키곤 했다. 그것도 지겹도록 싫었다. 난 아버지를 증오하며 자랐다. 아버지가 하는 일은 결코 하지 않으리라 다짐하며 자랐다. 그게 내 평생 좌우명이 됐다. 나는 빚질 일도 안 했고, 취해서 술집 색시를 업고 다니지도 않았다. 노름으로 밤을 지새우지도 않았다. 아버지도 내게 오히려 장하다 했고 나는 어느새 기고만장해졌다. 지금 내 나이는 아버지가 중풍으로 쓰러진 나이를 넘었다. 그러나…… 난 내가 잘못했다 생각한 일도 없었고, 평생을 아들의 반면교사로 살아오신 아버지를 가엾다 생각지도 않았는데, 그래서 난 늘 당당하고 떳떳했는데 문득 거울을 보다 놀랐다. 내 모습에 나약하고 소심해진 아버지가 있었다. 인사동에서도 종로에서도 기 한번 못펴고 큰소리 한번 못치는 늙고 초라한 아버지가 내 얼굴 가득 자리해 있었다.

신경림 시인의 《어머니와 할머니의 실루엣》(창비)에 실린 〈아버지의 그늘〉이란 시를 산문 형식으로 옮겨 보았습니다. 마치 시인 자신의 고백인 듯합니다. 시인은 아버지와의 관계를, 지금 오랜 세월이 지난 뒤 되돌아보며 비로소 '나의 나됨'을 봅니다. 지금 내가 있기까지 나를 만들어 준 많은 사람들, 부끄럽고 기억하기조차 안타까운 오욕의 역사를 그들로부터 물려받았을지라도 나는 어쩔 수 없이 그들로부터 영향 받아 살고 있음을 깨달은 것입니다. 역사란 그래서 내 존재를 진행시켜 온 수많은 시간을 인정하는 일이며, 그들 위에, 아니 그들과 함께 연결된 오늘의 나를 발견하는 일인 듯합니다.

아무도 돌 던질 수 없는 또 다른 내 모습, 역사는 그래서 겸손 없이, 진지함 없이는 펼치지 못하는 가을하늘 같은 대상입니다. 이 관계의 사슬로부터 자유로울 수 있는 이들은 아무도 없습니다. 애당초 나의 나됨은 수많은 이들과의 끊임없는 관계의 산물인 셈입니다. 나는 그들 속에 존재하며 이 때문에 어떤 지난한 삶일지라도 짊어지고 가야 합니다.

하나님이 주신 열쇠

작년 6월이었습니다. 30년을 함께 살아온 남편이 폐암 말기란 진
단결과를 받고 집으로 돌아와 투병생활을 시작한 것이. 교회의 한
집사님이 호스피스의 도움을 받아 보는 게 어떻겠느냐, 제의해 오
셔서 '샘물호스피스'란 곳을 찾았습니다.

그때까지 남편은 신앙을 갖지 않았고, 결혼 후 지금까지 이 문제는
우리 사이에 사라지지 않는 갈등이기도 했습니다. 철야기도에 참
석했다는 이유로 심한 구타를 당해 이가 부러진 기억이 여전히 남
아 있습니다. 그곳에서 넉 달을 지내다 남편은 하나님의 부르심을
받았습니다. 그 넉 달 동안이 어쩌면 제 생애 가장 아름다운 시간
이었는지 모릅니다. 자원봉사하시는 분, 간호사와 목사님, 그들의
사랑이 남편의 마음을 녹였습니다. 소화기능이 망가져서 대변을
못보고, 그 때문에 늘 불쾌한 상태에 있는 남편을 그들 손으로 직
접 관장을 합니다. 무엇보다 고통스럽게 소리 지르는 사람들에게,
죽음 앞에서 절대고독을 맞고 있는 사람들에게 그들은 언제나 진
지하게 웃으며 다가왔습니다. 그 사랑이 결국 죽음을 평안히 맞도
록 했습니다.

불신자였던 남편은 그들로부터 하나님의 사랑을 배웠습니다. 세례를 받아야겠다고, 어떻게 해야 하느냐고 남편이 목사님께 묻습니다. 내 평생소원이 한 가지 있었습니다. 남편 옆자리에서 함께 주일예배를 드리는 것이었습니다. 그걸 남편이 모를 리 없었지요. 이제 그 소원이 이뤄졌습니다. 남편이 세상에서 보낸 마지막 주일이었습니다. 아침에 일찍, 내가 출석하는 교회에 가서 예배드리고 싶다고 했습니다. 온 교회가 박수로 환영했습니다. 남편과 함께 드린 첫 주일예배이자 마지막 예배였습니다. 남편은 이런 말을 남겼습니다. 다시 살 수 있으면 꼭 호스피스로 봉사하고 싶다고, 꼭 둘이서 함께 저 사람들처럼 누군가를 위해 사랑을 주고 싶다고.

남편이 떠나고 난 지금, 전 혼자서 남편 몫까지 봉사하는 마음으로 호스피스 자원봉사를 하고 있습니다. 남편처럼 또 누군가 주님께 돌아올 수 있다면 빚을 갚는 마음으로 이 일을 계속할 것입니다.

언젠가 호스피스에 대한 기사를 쓰기 위해 만난 한 성도님의 이야기를, 그분 편에서 옮겨 보았습니다. 그리고 이런 생각을 해 봅니다. 하나님이 우리에게 한 개의 열쇠를 주셨는데 그것에는 모든 사람들의 마음을 봄눈 녹듯 만드는 힘이 있습니다. 누구도 예외가 없이 말이죠. 이 열쇠는 다름 아닌 사랑의 수고입니다. 전도는 사랑의 수고를 담아야 하며, 그럴 때 전도는 세상에서 무엇보다 아름다운 삶의 모델일 수 있습니다. ❀

벚꽃 흐드러지던 날에 슬픔이

하영이 이야기를 들으며, 함께 살 수 없는 우리가 무척 미웠습니다. 하영이는 이제 갓 스무 살이 됐습니다. 앳된 소녀상이 어찌 보면 슬픔을 듬뿍 안겨 주는, 그래서 '아름다운 슬픔'이 뭔지 그녀의 얼굴엔 씌어 있습니다. 물론 하영이가 가진 남모르는 아픔이 느껴져서인지 모르겠습니다. 하영이는 태어나면서부터 앞을 보지 못했습니다. 시각장애인. 가정도 넉넉지 못해 열아홉이 되면서부터 생계를 걱정해야 할 형편이었습니다. 그게 작년이었습니다.

누군가의 소개로 안마시술소에 취직한 하영이는 며칠 뒤 저에게 만날 것을 요청했습니다. 벚꽃이 흐드러지게 피던 날이었습니다. 하영이의 울먹이는 목소리가 창 밖의 벚꽃 잎과 함께 온통 흩날렸습니다. 상실이고 안타까움이었습니다. 그녀가 말했습니다.

"나 거기 싫어요. 남자들 몸을 만지고 그들이 내 몸을 더듬고……."

그러면서 하영인 또 고개를 푹 숙이고 울먹였습니다. 당장 그만둬, 그렇게 말하려다가 도무지 대안이 떠오르지 않아 눈만 감고 있었습니다. 그리고 그냥 그렇게 헤어져야 했습니다.

한 해가 지나고 얼마 전 우연히 어느 모임 장소에서 하영이를 만났습니다. 웃고 있었습니다. 여전히 슬픔이 묻은 웃음이었지만 그래도 한 해 전과는 많이 달랐습니다. 모임 후 커피숍에서 둘이 마주 앉았습니다. 털썩 앉자마자 핸드백에서 뭔가를 꺼냈습니다. 담배. 익숙했습니다. 하영이는 웨이터를 불러서 성냥을 주문했습니다. 전에도 날 만나서 늘 그랬을까, 내가 착각할 만큼. 성관계를 가지면 수입이 훨씬 낫다는 이야기, 자긴 무척 인기 있는 안마사라는 자랑(?), 하영인 그렇게 달라져 있었습니다.

물론 모든 안마사가 그런 건 아니라는 사실을 전제하면서 이런 이야기를 합니다. 1년 전, 벚꽃 잎처럼 날리던 하영이의 눈물이 이제 내 가슴속에서 흩날립니다. 함께 걸어갈 수 없는 세상을 목격한 것입니다. 우리가 그렇게도 민족복음화를 부르짖으며 초고속 성장을 이룬 이 땅마저도 하영이에겐, 아니 하영이처럼 장애를 안고 살아가는 그들에겐 아직도 얼어붙은 동토였습니다. 봄이 왔는데도 말입니다. ❁

우리 아이들의 자랑스러운 학교를 위하여

교장선생님이 먼저 학생들에게 인사를 하는 학교예요. 한 해에 두 차례씩 미국과 일본에 어학연수를 떠납니다. 정원이 예뻐서 친구들과 대화할 수 있는 공간이 많아요. 담배 피우는 선생님이 없어서 좋아요. '왕따' 가 없어요. 젊은 선생님들이 많아서 세대 차이가 적고 친구처럼 따뜻해요. 학교 폭력? 그게 뭐예요? 개인 사물함이 있어요. 선생님들이 꼭 학생의 이름을 불러요. 체벌이 없습니다. 엘리베이터가 있어요. 많은 도서를 보유한 도서관이 있고 집에서도 홈페이지를 통해 도서검색이 가능해요. 수영장도 있어요. 3학년이 되면 에어컨이 있는 교실에서 배달해 주는 점심을 먹어요. 전체 우등생에게만 상을 주지 않고 각 과목별 우등생에게도 상을 줍니다. 매월 첫째 날엔 그 달에 생일을 맞은 아이들을 축하하기 위해 모두에게 떡이 나와요. 교무실을 아빠 방 드나들듯 하지요. 컴퓨터를 이용해 첨단 시청각 수업을 하시는 선생님들이 대다수예요. 남녀공학? 필수죠. 학교 주위엔 유흥업소라곤 찾아볼 수 없어요. ARS(자동응답) 시스템 때문에 집에서도 전화만 걸면 나의 성적과 담임선생님의 조언을 들을 수 있지요. 졸업한 선배들이 시도 때도 없이 학교를 찾아오셔요. 여학생들은 머리를 기를 수 있습니다. 아침에 성경을 읽는 것이 너무 자연스러워요. 반별 경건회가 있어서 매일 아침 기도모임을 갖지요. 기도와 찬양이 살아 있어요. 선생님들 댁이 모두 학교에서 20분 거리에 있어서 상담할 일이 있으면 언제든 찾아갈 수 있지요. 많은 선생님들이 학생들과 성경공부 모임을 가져요.

다른 나라 청소년들 이야기가 아닙니다. 안산에 있는 동산고등학교 학생들의 학교 자랑 이야기들을 모은 것입니다. 이 학교는 동산교회가 많은 돈을 투자해서 설립한 기독교학교입니다. 설립 5년 만에 안산시의 수많은 학부모들에게 '내 자녀를 보내고 싶은 학교' 1순위가 됐습니다. 교실이 무너진다는 신문지상의 떠들썩한 목소리, 성적 때문에 자살하는 아이들의 아픔, 축제 뒤에 호프집을 찾았다 화재를 만나 떼죽음을 당한 이야기들, 왕따 · 흡연 · 음주 · 마약 · 성폭력 · 교내 폭력 · 입시 지옥……. 우리 아들 딸들이 살고 있는 이 땅의 현실입니다. 그들에게 우리 부모들은 집보다 안락한 교회, 텔레비전보다 재미있는 학교를 만들어 줄 책임이 있습니다. 지금 우리 걸음을 멈추고 정직히 우리 목표를 되새겨 보아야 하는 까닭입니다. ✿

우리 딸도 고3입니다

편지 한 통을 받았습니다. 고3 학생을 자녀로 둔 학부모였습니다. 아마 고3이란 말을 들으면서 여러분도 수능 시험을 생각했을지 모릅니다. 그러나 아닙니다. 제게 편지를 보낸 분의 아이는 실업계 고등학교를 다니고 있습니다. 그분의 간절한 호소는 이랬습니다.

수능이 가까워 오고, 또 시험이 끝난 뒤 사회가 온통 '고3' 이야기뿐입니다. 교회에서도 그들을 위한 기도회가 열리고 강단에 서는 목사님도 수능 이야기를 하십니다. 그러나 우리 아이처럼 수능을 보지 않는 실업계 아이들의 고민에 대해선 너무나 무관심합니다. 우리 아이 역시 고3이고, 어찌 보면 인문계 고등학교에 다니는 아이들보다 더 큰 고민에 싸여 있을 텐데 이들을 위한 기도는 물론 어떤 위로의 언급조차 들리지 않습니다. 한 번쯤 생각하셔야 할 내용인 듯싶어 용기를 내 편지를 썼습니다.

맞는 말씀입니다. 우린 그들을 잊어버리고 있습니다. 이 땅의 교육을 걱정하는 거대한 우리의 관심 뒤에는 이런 빈틈이 있었고, 여기서 소외된 또 많은 우리의 아들딸들이 있었습니다. 그들의 취직에 대해서도 관심 가져야 하고, 마치 실업계 학생들을 낙오한 아이들처럼 잘못 인식하는 우리 사회의 오해에도 분노해야 하며, 그들을 채용하는 기업들의 잘못된 채용공고에도 목소리를 모을 수 있어야 하는데 말입니다.

그렇습니다. 언제나 앞면이 있으면 뒷면이 있는데도 우리는 이 사실을 잊어버리기 십상입니다. 좋은 대학에 들어간 아이들을 축하할 때, 그렇지 못해 마음 아파하는 아이들 역시 우리의 아이들임을 생각해야지요. 또 수능이라는 거대한 담론에 온 사회가 빠져 있을 때 그 뒤편엔 또 다른 문제로 고민하는 '고3'이 있음을 기억해야 할 것입니다. ❁

내 아이에게 고난을 달라고 기도할 수 있을까

오늘 이 당에서 이 말 했던 사람이 내일 저 당으로 옮겨 오늘 한 말을 뒤집는 모습을 흔히 발견합니다. 모두들 그럴듯한 이유를 달고 예의 그 웃음 띤 얼굴로 유권자들 앞에 나섭니다. 처음 한두 사람이 그러더니 이젠 너나 가리지 않습니다. 아이들에게 가르친 정직이란 개념을 수정하든지, 매일 텔레비전 화면을 장식하는 그들에 대한 존경을 거두든지 선택해야 할 시점에 이르렀습니다. 대통령 선거 몇 번 치르다가는 세상이 온통 뒤죽박죽이 될 지경입니다. 명분을 버리고 그저 힘이 쏠리는 쪽으로 움직이는 것이 순리로 전달될까 두렵습니다. 분명히 선을 그어야겠습니다. 그들은 지금 정치란 명분을 앞세워 거짓을 행하고 있음을 말해야겠습니다. 그들은 우리와 같은 범인(凡人) 이상도 이하도 아니며, 우상도 거울도 아님을 가르쳐야겠습니다. 그들은 그들 나름의 삶의 방식을 지녔을 뿐 그 방식이 모든 사람이 선택해야 할 길이 된 것도 아니며 옳은 것도 아님을 또렷이 이야기해야겠습니다. 우리는 투표도 하지만 그렇게 선출된 사람들을 감시도 해야 함을 가르치고 보여야겠습니다. 우리 아이들의 장래 희망 가운데 혹시 그들의 모습을 그리고 있다면 분명히 다짐 받아 두는 일도 잊어선 안 됩니다.

사람들은 무엇이 되느냐보다 어떻게 사느냐에 무게를 두라 말하는
데, 이 말은 우리 시대의 교육을 위한 지침이 됩니다. 일찍 스타의 꿈
을 접고 호강의 욕망을 던지는 이들이 여기저기서 나왔으면 좋겠습니
다. 대신 불편과 땀과 눈물을 선택하며, 사람들이 주목하지 않더라도
마땅히 있어야 할 곳을 찾는 이들이 보였으면 좋겠습니다. 무엇보다
내 아이가 그 주인공이길 기도하는 정직한 부모들을 만났으면 합니다.
내 아이의 의로운 고난을 위해 기도하는 일, 이보다 큰 일이 없으리라
생각합니다. 세상은 그런 부모를 둔 자녀들을 통해 그만큼 진보할 것
이기 때문입니다. ❁

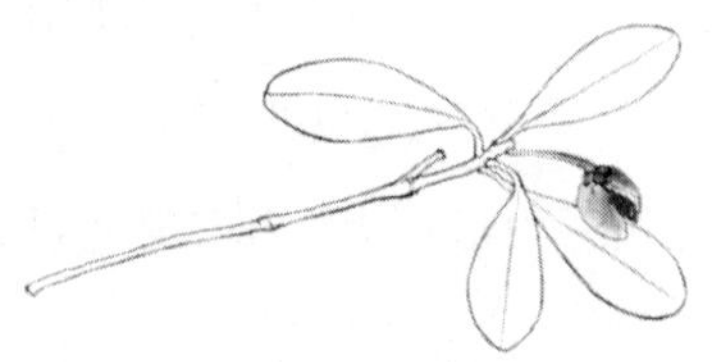

김 선생님의 새 출발

아이들을 학교에 맡겨 버리면 그만이라고 생각하는 학부모들의 의식이 싫었습니다. 교사가 되면 무엇보다 학부모들과의 대화 속에서 가정과 학교가 연계된 교육을 하고 싶었습니다. 아이들 생활기록부를 넘기면서 한 집 한 집 전화를 넣은 뒤 학교에 한번 나오시라는 부탁을 한 건 그렇게 순수한 마음에서였습니다. 학부모들과의 대화는 유익했습니다. 문제는 다음이었습니다. 하얀 봉투를 내미는 그들의 손, 김 선생님은 그제야 깨달았습니다. 어쩔 수 없이 "가겠다"고 말하던 학부모들의 어색한 대답, 그의 이런 계획을 듣던 선배 교사들의 쓴웃음…….

물론 몇 사람 만나지 못하고 이런 면담 방식을 그만둘 수밖에 없었습니다. 가장 마음 아팠던 건 아이들의 태도였습니다. "아무개 엄마가 학교 오셨다"는 게 그들의 대화 주제였고, 급기야 "우리 선생님 부자 되겠다" 하는 이야기를 몇 다리 건너서 듣게 된 것입니다. 불신! 그래, 여기선 교육이 없다, 김 선생님은 그런 판단을 내릴 수밖에 없었습니다. 어떻게 준비해서 선 교단인데……. 김 선생님은 그 해 여름 사표를 쓰고 말았습니다.

재작년의 일입니다. 그는 지금 대안학교를 준비하고 있습니다. 우리 사회에는 결코 존재하지 않는, 그래서 모두가 환상이라 여기는 그런 학교를 만들겠다는 몇몇 동지들이 함께 참여하고 있습니다. 이미 지방의 어느 폐교를 구입하고 내년 봄 개교를 목표로 준비에 박차를 가하고 있습니다. 자신의 전세금을 빼서 월세로 바꾸고 이 일을 위해 바쳤습니다. 후회한 적은 한 번도 없습니다. 적어도 자신의 아이들을 믿고 보낼 만한 학교가 이 땅에 존재해야 한다는 신념 때문이었습니다. 촌지문화는 옛 이야기가 되고 입시가 목적에서 제외된, 사람됨이 목적이 되는 그런 교육을 하려 합니다. 그런 학교에 보낼 부모가 있을까 염려도 들지만, 자기 같은 또 다른 부모가 있을 것이라 마음 한구석에 기대해 봅니다. 강단에 단 하루를 서더라도 참 스승과 제자로 만나고 싶은 것입니다.

(김창수 선생님 이야기입니다. 푸른꿈학교 설립을 위해 힘썼고, 다시 한빛고등학교에서 자신의 교육목회—그는 목사입니다—를 다시 다짐했던 분입니다. 한빛고등학교에서 물러난 지금도 여전히 그에겐 교육목회를 향한 열망으로 가득합니다.)

수많은 '작은 학교'를 꿈꾸며

전주에서 한 시간여 떨어진 산골 마을. 산세 좋기로 유명한 이곳엔 그리 많지 않은 주민들이 살고 있습니다. 젊은이들은 도시로 떠나고 아이들 뛰노는 소리가 점점 줄어드는 곳입니다. 한 곳밖에 없는 초등학교도 학생이 없어 결국 몇 해 전에 문을 닫았습니다. 그러던 이곳 주민들이 요즘은 새 손님 맞을 채비로 들떠 있습니다. 폐교된 이 학교가 올봄이면 다시 문을 열기 때문입니다. 이번에는 초등학교가 아닌 고등학교로, 그것도 여느 고등학교와 달리 많은 사람들의 주목을 받는 학교로 문을 엽니다. 바로 세인고등학교입니다.

전주 시내 교회의 목사님들 몇 분이 뜻을 모아서 설립하려는 학교입니다. 성경을 벗어난 우리나라 교육 현장을 보며 가슴앓이만 해 오던 분들이 2년 전부터 "우리가 학교를 세워 보자"는 의지를 가지고 준비해 온 학교입니다. 이들 목사님들이 섬기는 교회는 대개 규모가 크지 않습니다. 장로교회도 있고 감리교회도 있습니다. 스무 명도 안 되는 '작은 교회'의 목사님들이 수억대의 설립 기금을 모으는 일이 그리 쉽지만은 않았을 것입니다. 그러나 언제나 뜻이 바르면 길이 열린다는 믿음으로 서로를 격려하며 여기까지 이르렀습니다. 누구보다 그 교회의 교인들, 그러니까 아이를 고등학교에 보내야 하는 학부모들이 더 들떠서 개교를 기다리고 있습니다. 공부만으로 아이들의 순위를 매기는 꼴을 이제 더 이상 보지 않아도 됩니다. 주일에 자율학습을 한답시고 교회도 못가게 하는 폭력에 시달리지 않아도 됩니다. 진화론만이 진리라는 왜곡된 가르침에 더 이상 마음 상하지 않아도 됩니다. 믿을 만한 선생님들이 '내 아이'처럼 사랑으로 교육할 학교를 생각하면 그렇게 마음이 놓일 수가 없습니다. 모두들 학교를 설립하기로 한 목사님들의 결정에 "잘했다"며 박수를 보내고 있습니다.

세인고등학교는 그렇게 설립된 학교입니다. 사람을 변화시키는 힘이 하나님께만 있음을 믿고 가르치는 선생님들, 성적은 진정한 실력을 이루는 작은 한 부분에 불과하다고 믿는 학생들, 그런 생각들이 자유로운 분위기, 이것이 세인고등학교의 문화입니다.

교육 개혁의 목소리는 여전히 높습니다. 거창한 제도를 고치는 일도 해 봤고 낡은 지도자들을 제거하기도 했지만, 여전히 높기만 한 산입니다. 그러나 모든 개혁운동이 그러하듯, 위에서부터 시작된 제도로는 이뤄지는 것이 적을 뿐더러 오래가지도 않습니다. 교육은 더욱 그렇습니다. 현장에서 먼저 시작해야 하며, 그런 시작은 언제나 개척정신, 곧 '프런티어 스피릿'(frontier spirit)의 힘에 의존합니다.

우리는 성경을 떠난 교육이 세상을 어디로 몰고 갈지, 그리고 그 얼빠진 '교육몰이'에 대항해 교육의 흐름을 바로잡아야 할 사람들이 누구인지 잘 알고 있습니다. 부디 교회가 있는 곳곳마다 이런 작은 학교들이 많이 세워졌으면 좋겠습니다.

(세인고는 개교 후 많은 시련을 겪어야 했습니다. 교장이 바뀌고 재정 조달도 벅찼습니다. 이런 시련의 와중에서 일부 교사는 학교를 떠났습니다. 학부모들 가운데는 아이를 자퇴시킨 경우도 생겼습니다. 그러나 여전히 가야 할 길을 고집하는 이들이 세인고의 오늘을 지탱하고 있습니다. 이들의 땀이 헛되지 않기를 바랍니다.)

더불어 사는 평민이 되십시오

충남 홍성에는 풀무농업고등기술학교가 있습니다. "일만 하면 소 [牛]고 공부만 하면 도깨비"라며 일도 하고 공부도 하는 사람이 되자, 가르치는 학교입니다. 기독교 정신으로 바르게 사는 사람, 더불어 사는 평민을 기르는 학교입니다. 풀무학교의 졸업식은 '창업식' 이란 이름으로 치러집니다. 졸업생들이 학교로부터 선물 받는 성경 속표지엔 "성경의 말씀 위에 평생 더불어 사는, 충실한 평민의 창업을 축하합니다"라는 글귀가 쓰여 있습니다. 어느 해, 이 학교 교장인 홍순명 선생님은 졸업생, 곧 창업생들에게 이런 말을 남겼습니다.

더불어 산다는 것은 평화를 실현한다는 것입니다. 끝없는 대립과 분열 속에 평화의 실현을 위해서 세상에 예수님이 오셨습니다. 그리고 그는 그의 진실과 희생으로 평화의 길을 여셨습니다. 풀무는 일본에 자매학교가 있습니다. '기독교 독립학원 고등학교' 입니다. 돈보다 명예보다 지식보다 생명, 진리, 양심, 하나님을 제일의 가치로 가르치고 생활하는 작은 공간입니다. 그리스도와 더불어 '독립' 이라는 우찌무라 간조의 사상이 담긴 이름입니다. 풀무는 독립학원의 교훈인 '독립'과 대조적으로 '더불어 사는 평민'입니다. 그러나 더불어 사는 평화는 독립과 양립하지 않습니다. 남과 더불어 평화롭게 살 수 있는 성숙한 사람이 바로 독립한 사람입니다. 이제 창업생 여러분은 국민 대다수를 차지하는 평민이 되어, 훌륭한 정신으로 맡은 일에 충실하여 평민의 수준을 한없이 높이는 평생의 목표를 향해 한걸음을 내딛게 되었습니다. 여러분 한 사람 한 사람에게 창업은 어떤 큰 회사나 국가의 창업 못지않은, 인생의 중요한 사건입니다.

이 졸업훈사는 어쩌면 배움에 입문하는 이들에게 들려줘야 할지 모르겠습니다. 올바른 배움을 격려하기 위해서입니다. 더불어 사는 평민으로 독립하기 위해 공부하십시오. 양심을 지키기 위해 저항하도록 자신을 훈련하십시오. 나로 인해 이 땅 평민의 가치가 한없이 존중받도록 자신을 매질하십시오. ❀

삶은 곧 조화입니다

로빈 후드의 고향 영국 노팅엄에 사는 로버트 모렐 씨는 이 지역의 한 초등학교 청소부입니다. 얼마 전 그가 정년퇴임을 했습니다. BBC 방송이나 〈타임스〉 〈가디언〉 등 영국의 유명 언론들이 모렐 씨를 취재하면서 그는 영국에서 유명인사가 됐습니다. 언론의 플래시를 받게 된 까닭은 모렐 씨의 독특한 직업관 때문입니다. 모렐 씨는 학계로부터 인정받는 역사학자이자 린네 생물학회의 정회원인 생물학자이기도 합니다. 그러면서도 그는 여전히 집 근처 초등학교의 청소부가 직업이었습니다. 모렐 씨는 "나 같은 보통사람도 지식과 배움의 세계에 기여할 수 있다는 것을 보여 주고 싶다"고 말합니다. 학문에 대한 모렐 씨의 태도는 지독한 아마추어 정신입니다. 학문까지 생활의 한 부분으로 바라보며 세상이 생각하는 우월감에서 자유로울 것을 외칩니다.

그러나 세상은 프로 정신을 이야기합니다. 어느 한 분야만 똑 부러지게 잘해도 밥 먹고 살 수 있음을 강조합니다. '신지식인'이란 용어까지 만들어 그런 이들에게 찬양을 보냅니다. 이에 공감할 만한 부분이 없지 않지만, 모렐 씨의 삶은 이보다 한 차원 진보적인 듯합니다. 학교조차 세상살이에 필요한 지식보다는 살면서 쓰기에 크게 도움 안 되는 지식을 가르치는 데 훨씬 열심인 듯합니다. 유학까지 갔다 와서 박사학위를 가졌더라도 그를 전문인으로 볼 수는 있을지언정 '된 사람', 곧 높은 인격을 지닌 '인간'으로 인정하지 못하는 까닭은 이 때문입니다. 농사를 짓고, 요리를 할 줄 알고, 자신이 살 집을 지으며, 좋아하는 노래를 악기로 연주하고, 이웃과 더불어 살면서도 관심을 지닌 분야의 학식을 쌓아 가는 이들은 흔치 않습니다.

무교회주의자로 가치절하되고는 있지만 우리나라 교육계와 신학계에 큰 족적을 남긴 김교신 선생은 아버지로서, 교육자로서, 신학자로서, 잡지 편집인으로서, 농부로서 아름다운 삶을 살았던 분입니다. 그는 신앙에 기초한 삶에 있어 누구보다도 전문인이었습니다. "삶은 곧 조화"라는 말은 오늘날 이유 없이 우리 배움의 뒷전에 밀려나 버린 사어(死語)가 됐습니다. 전인교육 또한 그렇게 밀려나 버렸습니다.

바쁜 삶에 영성이 있을까

서울을 떠나 충북의 농촌 마을 솔뫼골 벌말로 이사한 박형규 씨. 대학에 갈 나이의 두 아들과 아내가 함께 도시문명의 해악으로부터 용기 있게 탈출을 시도했습니다. 그곳에 밭을 사고 농사를 직접 짓습니다. 아이들과 함께 비지땀을 흘리며 밭을 갈고 옥수수와 콩을 경작해 겨울 식량으로 비축합니다. 아이들과 함께 한 농사라는 점에서 그는 무엇보다 큰 교육의 의미를 찾습니다. 학교 교육이 결코 가져다줄 수 없는 가치를 거기서 얻은 것입니다. 비록 걸음마 수준이지만 '자급자족'을 이룬 데 경이로움을 금치 못합니다. 한 끼 밥을 장만하는 일이 그리 만만한 게 아니란 사실도 깨닫지만, 도시생활에서 잃어버렸던 수많은 기적들과 신비로움을 농사짓고 땀을 흘리는 중에 느낍니다. 직접 뿌린 옥수수가 키를 넘고, 콩알 한 알에서 수많은 콩을 따고, 먹고 먹어도 자꾸자꾸 손바닥만한 잎사귀를 새로 내놓는 상추·부추·근대, 그런 채소들을 보며, 김장배추 모종 일지를 쓰면서, 그는 이토록 소중한 것을 그동안 그냥 지나쳐 왔음이 부끄럽다고 말합니다.

박 씨는 그의 집을 일컬어 '작은 누리'라 부릅니다. '작은 누리'는 일종의 가정학교이기도 합니다. 그의 두 아들 석주와 명환 군이 모두

이 가정학교를 통해 고입 검정고시에 합격했습니다. '작은 누리' 가정학교에선 연극도 배우고 농사도 배웁니다. 박 씨는 가정학교가 나아가 마을학교로 자리 잡아야 한다고 생각합니다. 도시에 사는 박 씨의 친구들이 자녀와 함께 이곳에 내려와 며칠간 살면서 직접 밭일도 하고 수박 하우스에 물도 줍니다. 교육의 현장을 제공한 것입니다. 도시와 농촌의 이런 교류 또한 그는 예사롭지 않게 생각합니다.

박 씨의 이런 생활은 자신을 되돌아보지 못하고 앞으로 바삐 달려가기만 하는 도시의 우리들에게 뭔가 이야기할 것이 있는 듯합니다.

"뭐가 그리 바빠? 그 바쁜 삶 속에서 정작 너는 어디 있지? 거기 너의 영혼을 살찌우는 무엇이 있을까? 그런 도시의 영성을 하나님께서 좋은 모델이라 평가하실까?"

이런 질문들 말입니다.

우리 생협운동 해요

감동을 주는 많은 그리스도인들이 있듯 그들이 만들어 낸 소중한 제도들 또한 많습니다. 이 가운데 '생협운동'은 도시와 농촌을 연결하는 끈이면서 동시에 창조환경을 보전하고 생명의 귀함을 강조하는 그리스도인들의 운동이요 제도입니다. 세상이 연수를 더해 가면서 수많은 쓰레기들을 배출하듯이 또 엄청난 질병들을 생산합니다. 과학이 발전해서 발견한 질병이라기보다 환경이 파괴되어 나타나는 '문명병'인 것입니다. 그리고 이런 질병이 발생하는 직접적인 원인은 먹거리의 오염 때문입니다. 시장에서 사먹는 먹거리들 속에 상상할 수 없는 오염물질이 묻어 있음을 발견한다면 아마 경악할 것입니다. 정직한 농민들이 정직하게 생산한 작물을 먹는 길밖에 도리가 없습니다.

그러나 이런 농사, 곧 화학비료와 농약을 포기하는 농사를 짓기란 현실적으로 불가능에 가깝습니다. 경제법칙이란 언제나 이익에 눈이 밝기 때문입니다. 그러나 이런 현실에서 조금 물러나 이 문제를 보면 답이 결코 없지만은 않습니다. 생협운동은 경제논리에서 조금 비켜서서 바른 세상을 생각하는 사람들에 의해 만들어진 제도입니다. 생산자인 농민과 소비자인 도시 주민들이 그리스도의 사랑으로 서로 신뢰하며 전개하는 것입니다.

　생협이 농촌과 도시를 연결해 줍니다. 도시 교회와 농촌 교회의 연결일 수도 있습니다. 농촌은 정직하게 '기독교농업'을 할 수 있어 좋고, 도시는 정직한 먹거리를 밥상에 올릴 수 있어 유익합니다. 땅도 살고 농민도 살고, 건강한 몸과 건강한 정신을 가질 수 있는 제도입니다. 많지 않지만 소수의 그리스도인들이 이런 운동을 전개하고 있습니다. 좋은 제도는 좋은 정신과 함께 연결될 때 비로소 완전해집니다. 우리가 지금 참여하고 있는 직거래 운동을 한 단계 끌어올려 생협운동 단계까지 이르렀으면 좋겠습니다. ✽

죽음 이후를 기다리는 신앙

그는 열 남매 가운데 일곱째입니다. 딸로만 쳐서 넷째. 이제 막내까지 모두 사십 줄에 들어섰고, 나이든 조카는 대학생 아들까지 있을 정도니 참 많은 세월이 흘렀습니다. 제각각 여러 모습으로 성장한 남매들, 그들이 한자리에 모이면 온통 자식들 이야기로 만발합니다. 시골에서 농사짓느라 시커먼 얼굴로 그리 내놓을 만한 것 없는 조카도 있지만, 의사도 있고 변호사도 있습니다. 장사깨나 하는 조카사위도 있어서 그들이 힘깨나 쓰고 돈깨나 버는 이야기를 듣기가 일쑤입니다.

그러나 그는 썩 잘난, 그러니까 돈이 많든지 부러움 살 만한 직장에 다니든지 하는 자식이 없습니다. 아들이 둘 있지만, 큰아들은 신학을 공부하면서 시골 교회 전도사로 어렵게 생활하고 있고, 작은아들은 시민운동을 하는 단체에서 일하고 있습니다. 게다가 남편은 몇 해 전에 갑자기 세상을 떠났습니다. 이런 그가 하는 일이란 시장에서 채소를 팔아 남은 돈으로 겨우 생활하는 게 고작입니다. 무엇 하나 내세울 것 없지만 그는 남매들 가운데 유일한 예수쟁이입니다. 물론 무엇 하나 부러울 것 없다며 웃지만, 조카들 가운데 누가 결혼이라도 하는 날이면 다같이 모이는 남매들의 자식 자랑 이야기 속에서 그저 웃음만 짓고 있을 뿐 자식 이야기를 내세우지 않습니다. 남매들이 이해할 수 있을 법한 자랑거리가 없기 때문입니다. "우리 아들 신앙 좋다"는 이야기가 다른 형제들에게 아무런 의미가 없음은 물론 도리어 웃음만 살게 뻔한 노릇이기 때문입니다.

며칠 전 주일, 또 한 조카의 결혼식에서 그를 만났습니다. 곱게 한복을 차려 입고 여느 때처럼 다른 형제들의 자랑을 들으며 웃음만 짓고 있는 모습이었습니다. 서울로 같이 오는 차 안에서 "뭐라고 한마디 하시지 그러셨어요?" 하고 말을 건넸습니다. 그는 예의 그 환한 웃음으로 말했습니다.

"나중에 다들 이 세상을 떠난 뒤에는 알게 되겠지. 어떻게 사는 것이 잘 사는 것인지, 내가 왜 그렇게 예수 믿자고 했는지, 아무 말 없이 웃을 수밖에 없었던 내 심정도 말이야……."

기독교는 부활의 종교라 합니다. 죽음 뒤의 부활을 바라보고 계셨던 주님과 죽음 뒤에 있을 하나님의 '인생 평가'를 기대하며 살아가는 한 분의 성도를 통해 저는 부활의 종교인 기독교를 비로소 이해하게 됩니다. ❁

삶, 하나님 그리고 그림

그는 화가입니다. 대학에서 체계적인 수업을 못받았기에 학벌을 따지는 우리나라에선 발붙일 자리조차 없는 화가입니다. 이 세계에선 일종의 마이너리티(소수자)인 셈이지요. 그는 이곳저곳에서 강의를 해서, 또 학원을 경영하면서 번 돈으로 작품을 한 점씩 완성해 왔습니다. 그렇게 쌓인 작품이 약 500여 점에 이릅니다.

그는 성경의 진리들을 그림으로 표현합니다. 이런 표현 방식이 곧 그의 작품성인 셈이지요. 부산 해운대 바다가 내려다보이는 화실에서 그를 만났습니다. 그리다 만 그림이 펼쳐져 있었습니다. 종이 위쪽에서 붉은 색 물감이 서서히 스며들고 있었습니다. 이런 효과를 내기 위해 며칠을 고생했답니다. 처음에는 물로 화폭을 적시다가 나중에 그 위에 물감을 덧칠하면 이런 효과가 난다며 좋아했습니다. 대단한 발견을 한 어린아이 같습니다. 종이 아래는 꽃의 수술이 그려져 있고, 수술 위로는 작은 별들이 밤하늘처럼 가득합니다. 그 위로 다시 연노란 색 하늘이 펼쳐져 있습니다. 양귀비꽃의 안쪽을 그린 것입니다. 이 아름다운 한 송이 꽃 속에 우주가 담겨 있음을 말하는 작품입니다. 모든 사람이 이처럼 우주를 간직한 채 살고 있음을 의미합니다. 세상에는 그렇게 소중하고 신비하고 놀라운 존재들로 가득하답니다. 하나님이 인생을 보는 눈이 그러하리라 생각했습니다. 그림 아래는 이 그림을 설명하는 글이 있습니다.

"하나님 나라는 여기 있다 저기 있다 할 수 없다. 하나님 나라는 바로 내 안에 있다. 이 생명의 우주를 우리의 실존에 날마다 창조되도록 하는 것이야말로 하나님의 마음이다."

그림과 시의 하나 됨, '메시지 아트'입니다. 그가 처음 시작한 새로운 장르인 것입니다. 미국 뉴욕 문화원이 그를 초대작가로 초청했으며, 엘살바도르에서도 이 새로운 장르의 창시자를 초청했습니다.

지금 그는 또 한 가지 꿈을 꾸기 시작했습니다. 예배순서에 교회당 사진만 덩그러니 박힌 교회 주보에다 매주 다른 자신의 메시지 아트를 넣고 싶은 것입니다. 교인들이 함께 보고 또 전도지로도 활용한다면 하나님이 주신 메시지를 많은 이들에게 소개할 수 있기 때문입니다. 대중적인 그림 그리기를 통해 더욱 많은 이들에게 다가서려는 노력인 것입니다.

어떤 이유에서건 예술의 높은 경지에 쉬이 다가서기 어려운 이들에게도 그들 나름의 이해방식이 있으며 그들과 나눌 수 있는 그림 그리기 영역이 있습니다. 그림 역시 보는 이들과의 교감을 전제한다면 이런 노력들 하나에도 큰 의미를 부여하게 됩니다. 단지 울타리를 치고 권위에 찬 '화단'을 나누고 있는 이들 역시 그 세계의 바리새파란 생각을 했기 때문입니다.

(한성훈 화백입니다. '요셉 주보'란 브랜드로 지금 1,500여 교회에 그의 메시지 아트가 전달되고 있습니다. 쉰을 바라보면서 여전히 총각으로 남아 어린 아이처럼 살고 있는 그의 모습에서, 알 수 없는 신비함이 엿보입니다.)

개구리 해부를 반대합니다

'대니 서'를 아십니까? 《행동하는 세대》(문학사상사)란 책으로 미국인들에게 환경을 살리는 삶을 살자고 호소해 온 한국인 청년입니다. 대니 서의 환경운동 철학은 "작은 실천이 큰 변화를 가져온다"는 것입니다. 한 사람이 실천하면 아무런 변화도 없지만 많은 사람이 실천하면 큰 변화를 가져온다는 것이지요.

대니 서는 자신을 환경운동가가 아닌 교사라고 강조합니다. 세상을 교실 삼아 환경을 살리는 삶을 가르치는 교사란 의미입니다. 그래서 자신의 메시지를 세상에 전달하기 위해 온갖 방법들을 동원합니다. 편지를 쓰고, 이메일을 보내고, 또 책을 쓰고, 강연을 하고, 방송을 비롯한 대중매체를 활용합니다. 최고의 시청률을 자랑하는 〈오프라 윈프리 쇼〉에 출연하기 위해 제작진들에게 오랫동안 자신의 메시지를 전달한 사실은 이런 그의 의지를 잘 보여 줍니다.

그는 과학시간에 개구리를 해부하는 것에 반대해서 열두 살 때 의회에 편지를 보내 "개구리 해부를 하지 않아도 된다"는 법안을 통과시켰습니다. 그는 '15분의 기적'을 부르짖습니다. 매일 15분씩만 투자하면 세상을 변화시킨다고 믿는 것입니다. 필요 없게 된 자전거를 자선단체에 내놓는다든지 구호기금이 필요한 곳에 얼마의 헌금을 전달하는 일 등은 요즘같이 컴퓨터 통신이 활발한 세상에선 많은 시간 들이지 않고 실천할 수 있는 선행이란 것이지요. 그는 젊은이들에게 "자신이 어리다고 생각하지 말 것"을 당부합니다. 대학도 다니지 않은 한 청년의 세상 사는 모습입니다.

대니 서의 삶을 읽는 코드를 환경보전으로만 보아선 안 될 것입니다. 좀더 본질적인 것은 '행동하는 아름다움' 입니다. 존재한다는 것은 생각의 영역만으로는 언제나 미완성입니다. 인간은 행동함으로써 존재합니다. 물론 생각없는 행동은 행동하지 않음보다 위험합니다. 그러나 생각은 있지만 행동으로 표현되지 못한 채 유산되고 마는 존재들이 얼마나 많은지요. 많이 배우는 것보다 위력적인 것은 많이 행동하는 것입니다. 주님은 말씀이 곧 삶이셨던 분입니다. 말씀과 삶의 하나 됨, 그 완전한 하나 됨을 성경은 "말씀이 육신이 되신 분"으로 표현합니다. 아름다운 청년 예수의 존재 방식이었던 것입니다. 🌼

노근리에서 베트남까지

시사 주간지 〈한겨레 21〉이 몇 년 전 전개했던 캠페인이 있습니다. '베트남전 양민학살, 그 악몽 청산을 위한 성금모금 캠페인' 입니다. 부끄러운 역사에 용서를 빌자는 것입니다. 학생들이 베트남에 화해의 편지를 보내고, 참전 용사들이 옛날의 악몽을 어렵게 고백하는 일이 벌어졌습니다. 베트남 언론들은 한국에서 일어나고 있는 이 조용한 움직임에 관심 가지며 고마움을 표현해 오기도 했습니다. 그들의 기억에 있는, 한국이란 나라의 이미지가 조금씩 변하고 있습니다. 이 캠페인은 어느 기자의 베트남 현장 르포와 함께 시작됐습니다. 월남전 당시 우리나라 군인들이 죄 없는 양민들까지 학살했다는 베트남 사람들의 증언을 소개한 글이었습니다. 한국전쟁 때 이미 우리가 경험한 일이었기에 어느 정도는 우리도 짐작하고 있었던 일입니다.

노근리 주민들을 미군이 학살한 것은 그 대표적인 증거입니다. 전쟁 중이니 무슨 일인들 없었겠습니까? 그러나 전쟁 중이니 무엇이든 상관없다 할 수는 없습니다. 아니 참전자의 입장에 서 보지 않은 사람으로서 어쩌면 이런 생각을 하는 게 무책임할 수도 있습니다. 그러나 피해자의 입장에 서면 그건 여전히 피해이며, 어쩔 수 없이 상처이고 눈물입니다. 노근리의 피해자들이 미국에 끊임없이 배상을 요구하고 있는 것은 그런 상처의 단면이겠지요. 그 상처를 미국 국민들에게 소개하면서 미국 정부에 배상을 촉구한 신문기자를 우리는 보았습니다. 또 당시 학살 현장을 지휘했던 한 노병의 양심선언도 들었습니다. 피해자가 아닌 가해자들의 집단적인 참회, 그것이 비록 전체는 아닐지라도 그 참회의 물결이 일어나는 데 우리는 잔잔한 감동을 느낍니다.

〈한겨레 21〉이 시작한 캠페인은 노근리의 마음을 베트남으로 옮긴 것입니다. 우리가 노근리 가해자들, 미국이란 나라의 '작은 양심'을 보며 감격했듯 우리 스스로 그 '작은 양심'을 존중한 행동이었던 것입니다. 한 민족이 건강한 양심을 지니기 시작할 때 역사는 비로소 진보를 시작한다는 교훈을 얻습니다. 사람다움을 빼 버린 역사를 가치 있다 여기지 않기 때문입니다. ✿

또 한 사람의 프로이덴베르크가 되어

권터 프로이덴베르크 교수는 독일의 오스나부르크 대학에서 총장을 지낸 지성인입니다. 몇 년 전 그가 세상을 떠났을 때 독일의 한국 동포들이 그를 추모하는 자리를 마련했다는 소식을 들었습니다. 그의 삶이 보여 주는 아름다움 때문이라 했습니다. 실제로 그는 저에게도 '참 시민'이 살아가는 방식이 어떠해야 하는지 일깨워 준 분입니다.

그가 한국에 관심을 갖게 된 건 재독 음악가 고 윤이상 선생 때문이었습니다. 그는 이후 한국이란 나라가 겪는 아픔에 동참하기 시작했습니다. 동백림사건이라 불리는 인권 침해 사건이 일어났을 때 그는 구속자 석방 운동에 참여해 변호인의 증인으로 우리나라에까지 왔습니다. 유신시대엔 민주화운동을 위해 독일에서 '한국연대 독일위원회'를 창설했으며, 독일 개신교 기관의 한국위원회 위원으로 활약했습니다. 그의 후반기 인생은 이렇듯 한국과 필리핀의 민주화를 위한 헌신의 삶이었습니다. 특히 남북의 화해를 위해 그는 해외 기독자 모임에 한국연대 위원장 자격으로 참여했으며 올바른 남북 관련 정보를 해외에 홍보하기도 했습니다.

한 지성인으로서 그의 한국 사랑은 우리나라가 IMF로 고난을 겪을 때 어느 잡지와 가진 인터뷰 내용에서 잘 나타납니다. 그의 말입니다.

사회 전반에 민주적 권리와 역량이 강화된다면 IMF로 많은 것을 잃게 된 한국인들에게는 어느 정도 보상이 될 것입니다. 소비 수준은 퇴보했지만 우리는 새로운 수준의 정치적 자유와 권리를 얻었노라고 말이지요. 또 만일 외국인 투자를 유치하려면 강력한 사회 안정이 필요하고 이를 위해서는 강력한 국가권력이 필요하다는 식의 인식을 갖고 그 길을 간다면, 이는 매우 비극적인 결과를 초래하리라 봅니다.

세상에서 우리는 시민으로 살아갑니다. 그리스도인은 특히 '하나님 나라의 시민'으로 살아갑니다. 귄터 프로이덴베르크 교수가 본 형제애의 범위가 넓은 데 감탄스러우며, 그 운동이 하나의 사치가 아닌 삶으로 헌신된 것이 또 감격을 줍니다. 무엇보다 그의 땀이 결실하려는 이 땅에서 우리는 또 다른 프로이덴베르크로 살아야 함을 배우게 됩니다. ✿

전태일은 여전히 희망입니다

영화 〈아름다운 청년 전태일〉로 젊은이들에게 가까이 다가왔던 노동운동가 전태일 씨는 1970년 11월 자신의 몸을 던져, 사람이면서 사람처럼 살지 못하는 평화시장의 미싱공 시다 여공들에게 희망의 씨앗을 뿌리고 사라진, 그야말로 영원한 청년입니다. 그러나 수십 년의 세월이 흘러 우리는 지금 그가 뿌린 희망이 어디서 얼마나 꽃피고 얼마나 열매를 냈는지 돌아보기는커녕 무관심 속에 머물러, 전태일이란 인물을 단지 영화의 주인공으로만 가둬 놓고 있음을 깨닫습니다.

이런 사실을 우리에게 알려 주기 위해 전태일 씨의 여동생 전순옥 씨가 마흔일곱의 나이에 다시 미싱공이 되어 현장으로 들어간 이야기를 접했습니다. 영국에서 노동문제로 박사학위를 받고 그곳에서 교수 제안까지 받았지만, 모든 것을 미룬 채 조국에서 자신이 해야 할 일거리를 찾아온 것입니다. 그는 박사학위를 자신에게 생긴 기득권이 아니라 이 땅에서 가장 힘들게 살아가고 있는 여성 노동자들의 노동환경을 개선하는 힘으로 생각한 것입니다. 몇 해 전에 본, 자식들을 양심수란 이름으로 감옥에서 만나야 하는 이 땅의 어머니들과 함께 국회 앞에서 석방을 외치던 그들의 어머니를 생각나게 했습니다.

　물론 순옥 씨의 삶을 바꾼 것은 오빠의 외침입니다. 근로기준법을 보장하라, 우리는 기계가 아니다……. 그렇게 외치며 자신의 몸을 불덩어리로 태워야 했던 오빠의 마음이 그의 삶 속에 부활하고 있기 때문입니다. 지금 그는 공장에 들어가 그곳의 노동자들과 만나고 그들의 마음과 고된 육체를 목격하고 있습니다. 이것이 그의 학문 방식입니다. 누군가 조사해 둔 통계자료 몇 개 뒤적여 논문 한 편 덜렁 내고 나면 제 할 일 다 한 것인 양 물러서서 손을 씻어 버리는 여느 학자들 같지 않은 모습입니다. 거기엔 생생한 현장의 진실이 없음을 누구보다 잘 알기 때문입니다. 그의 박사학위 논문도 그렇게 만들어졌습니다. 그의 학문 방식에 논문을 심사하던 이들이 격찬을 아끼지 않았던 까닭도 단지 논문에 그치지 않는 강한 사랑의 마음을 느꼈기 때문입니다.

　그는 지금 최저생계비도 안 되는 미싱공의 돈으로 자신에게 맡겨진 학자요 운동가의 삶을 살고 있습니다. 어떻게 살 수 있느냐, 물었는데 그 대답이 저를 부끄럽게 만들었습니다.

　"사람이 사장인 직장도 열심히 일하면 먹고 살 돈을 주는데, 하나님의 일을 하는 이들에게 하나님이 얼마나 좋은 노동조건을 제시해 주겠어요. 걱정 없습니다."

　(전순옥 씨는 현재 성공회대학교에서 노동문제에 대한 강의를 맡고 있습니다.)

누가 그들의 이웃일까

그날, 미국에서 엄청난 테러가 발생해 그 거대한 두 개의 빌딩이 흔적도 없이 사라져 버린 날, 그리고 며칠이 지난 뒤 그들을 만났습니다. '외국인 노동자'란 이름으로 낯선 이 땅에서 코리안 드림을 일구고 있는 이들입니다. 미군이 있는 이 땅에서 오사마 빈 라덴과 비슷한 외모를 갖고 살아가는 그들에게서 얼핏 두려움을 보았습니다. 이미 미국에선 여러 차례 무슬림들에게 크고 작은 보복이 있었습니다.

그러나 이런 두려움은 시간이 지나면 곧장 사라져 버릴 것입니다. 언제 그랬냐는 듯 잊고 살게 되겠지요. 당장 그들을 둘러싼 현실, 그러니까 본국에 두고 온 가족들에 대한 보고픔과 염려, 한국에 오느라 떠안아야 했던 빚, 뭣보다 '불법 체류자'란 이유로 어떤 인간적 대우조차 주장할 수 없는 현실……. 그런 현실로부터 오는 불안과 두려움이 더하겠지요. 그럼에도 한국 사람인 제 앞에선 굳이 '한국 사람 나쁘다'는 말을 못하는 그들입니다. 그들도 이제 너무나 익숙한 말이 돼 버린 '이 새끼' '개새끼' '임마' …… 이런 욕설을 들으면서도 아무런 저항도 할 수 없는 그들이 도리어 "아주 적은 사람들 때문에 한국 사람들 전체가 욕먹는다"며 저를 위로했습니다.

그러나 그 암울한 환경에서 전 더 소중한 그들의 꿈을 읽었습니다. 군사독재로 살벌한 조국(미얀마)이 언젠가 민주화되면 돌아가 한국에서 배운 시민운동을 일으켜 보겠다는 사람, 매달 50만 원씩 송금하는 돈이 어느 순간 모든 빚을 갚을 만큼 되면 다시 돌아가 아내와 자식과 함께 예전처럼 가난하지만 행복한 삶을 살겠다는 사람, 여전히 불법 체류자이면서 한국에서 목사가 되어 돌아가겠다는 사람……. 그들의 꿈이 꼭 이뤄지길 기도했습니다. 그러면서 깨달았습니다. 그들 모두 같은 하늘 아래 살고 있는 우리의 이웃이란 사실 말입니다. 너희의 이웃은 누구인가 묻지 않고 그들의 이웃은 누구인가 물으신 주님을 생각했습니다. ✿

감사 없는 평온은 불행입니다

아도나. 유고연방에서 유혈분쟁이 한창이던 때 아도나는 열여섯 살
난 소녀였습니다. 소수민족으로 고통을 겪고 있던 코소보가 아도나의
땅이었습니다. 아도나는 분쟁이 치열하던 때 미국의 피네간 하밀이란
동갑내기 소년과 인터넷 통신을 주고받고 있었습니다. 그리고 아도나
의 편지가 미국에 알려지면서 큰 반향을 일으키게 됐습니다. 아도나는
'평화 없는 땅'에서 하루하루를 사는 코소보의 '안네 프랑크'였습니
다. 아도나와 메일을 주고받으며 피네간은 자신의 세계관을 뒤바꾸고
있었습니다. 피네간이 공개한 아도나의 메일에는 이런 내용이 담겨 있
습니다.

안녕 피네간. 연락 고마워. 우리 집 주변을 경찰과 군인들이 에워
쌌어. 얼마나 무서웠는지 몰라. 다음날 바로 옆집 기자 아저씨가
죽었어. 우리들이 자주 나가 노는 장소에 폭탄이 터지기도 했어.
……정말 싫어. 성폭행을 당하고 갈가리 찢겨 죽는다는 건……. 너
는 신문에서나 보겠지. 얼마나 많은 사람이 죽는지조차 몰라. 너처
럼 평범하게 산다는 것이 얼마나 행복한지 모를 거야. 이 세상, 이

우주, 그 누구도 우리와 같은 불행을 겪지 말았으면 좋겠어. ……
온 식구가 모여 의논했어. 만일의 경우 어디로 어떻게 도망갈지,
돈이랑 여권은 어디다 보관할지도 얘기했지. 산속 피신에 대비해
두꺼운 옷 몇 가지도 사 놓았어. 최악의 상황에 대비하고 있어. 아
무튼 인생은 계속된다고 배웠거든. ……나는 록그룹 REM 음악이
제일 좋더라. 롤링 스톤즈와 비틀스, 본 조비나 셰어도 좋아해. 파
티에 가 보고 싶어. 어디든 여행도 가고 싶고. ……누군가 좀 도와
줬으면 좋겠어……. 우리 모두 너처럼 마음껏 자유롭게 살고 싶어.
……안녕, 코소보에서 아도나.

알 수 없습니다. 아도나가 희망하는 그 평범한 삶이 무엇인지, 아무
리 느끼려 해 본들 결국 공감할 수 없을 것입니다. 그러나 나는 그의
절규를 들으며 평범한 삶에 길들인 자신을 발견합니다. "오늘은 어제
죽은 그 사람이 그렇게도 살고 싶어하던 내일"이란 말을 기억합니다.
단 하루라도 이 평온한 평범함으로 인해 주님의 존재를 느낄 수 없다
면 이는 도리어 불행인지 모릅니다. 죽음의 언저리에 가 본 사람만이
삶의 참 가치를 알 수 있을 테니까요. ❀

형장에 이슬은 맺히고

아침 신문을 통해 만난 분의 이야기를 하려 합니다. 칠순을 바라보는 어느 할머니입니다. 10여 년째 사형수들의 대모 역할을 해 오신 이 할머니는 매주 월요일 아침이면 어김없이 서울구치소를 찾습니다. 사형수란 명찰만 떼면 평범한 젊은이들, 할머니 앞에선 그들 모두 순진한 청년일 뿐입니다. 어버이날이 되면 할머니에게 편지와 선물을 보내는 그들입니다. 잘못을 깨달은 뒤의 이 말끔한 모습이 형장의 이슬로 사라질 걸 생각하면 할머니는 금세 가슴이 미어지곤 합니다. 사형반대 운동을 벌여 온 할머니의 주장은 같은 그리스도인으로서 우리들을 설득시킵니다.

"범죄를 너그럽게 용서하자는 게 아닙니다. 하지만 생명을 앗아간다고 범죄가 없어질까요? 살려서 정말 자신의 죄를 속죄할 기회를 충분히 주어야 하지 않을까요?"

속죄할 기회마저 뺏어 가는 제도라면 어떠한 정당성에도 불구하고 재고해야 할 것이라 여겨집니다. 할머니의 기억을 두려움으로 아로새긴 일이 있었습니다. 1997년 말, 세밑의 그 계절에 정부는 다섯 명을 한꺼번에 사형 집행해 버린 것입니다. 할머니는 그 모습을 지켜봐야 했습니다. 석 달간 할머니는 목이 굳어 버렸습니다. 사형수들로부터 받아 온 편지 2,000여 통을 한꺼번에 불살라 버렸습니다. 그들이 가 버린 후 지금까지 세상은 또 많은 사형수들을 배출하고 있습니다. 세 상으로부터 따돌림당하고 배신당한 그들이 선택한 그 범죄의 씨앗은 여전히 줄기를 내고 무성한 그늘을 만듭니다. 단지 그들은 갔을 뿐입 니다. 이미 많은 기독교 국가들이 사형제도를 폐지했습니다. 무기형만 으로도 그들의 죄값은 충분히 치를 수 있다는 의미입니다.

그리스도인이기에, 아니 하나님의 형상대로 지음 받은 사람이기에, 세상을 바로 보고 싶습니다. 거기 수많은 부조리에 항거하는 하나님의 사람이고 싶습니다. 생명을 존중하지 않는 어떤 제도에도 주님을 대신 해 싸워야 할 것입니다. 그것이야말로 우리들이 이 땅에 사는 까닭이 기 때문입니다.

(사형제도 폐지안은 여전히 국회에서 애기되고 있습니다. 국회의원들까지 서명을 하고 나서지만 폐지에 이르는 길은 여전히 멀리 느껴집니다. 사람을 죽이는 다수결 제도라면 그것은 이미 대의를 잃은 제도일 텐데 알 수 없는 힘 이 왕 노릇하고 있습니다.)

그리스도인이 된다는 의미

 '시민'이란 말은 도시의 거주민이란 의미보다 훨씬 넓은 뜻을 지닙니다. 도시라는 공동체를 위해 헌신하려는 자세와 그 도시의 명예를 존중하려는 다짐들까지 모두 '시민 됨'의 자격이기 때문입니다. 시민은 주인의 마음을 지닙니다. 가령 이런 것입니다.

 서울 시내에는 잘못된 도로 표지판들이 적지 않습니다. 이 때문에 시민들이 종종 어려움을 겪지만 아무도 그걸 바로잡으려 하지는 않습니다. 관청을 상대해서 유익한 것도 없거니와 뭣보다 그런 일은 실속 없는 일, 귀찮은 일쯤으로 치부되기 때문입니다. 나만 제대로 보면 그뿐이란 이기적 동기도 여기에 한몫 하는 것입니다. 그런데 이런 나약한 시민 됨에서 벗어나 잘못된 도로표지판을 바로잡기 위해 관할기관을 상대로 법정 소송을 진행해 온 용기 있는 '시민' 한 사람을 발견합니다.

 잘못된 그 표지판 때문에 교통법규를 위반해서 벌금 1만 원과 운전자 벌점이 부과된 것, 고작(?) 그것이 송사의 시작이었습니다. 1만 원을 돌려받는 데 목적이 있지 않음은 자명합니다. 우선 아들에게 범법자로 비쳐지는 현실이 참을 수 없었고, 정의가 반드시 승리한다는 교훈을 아들에게 가르쳐 주고 싶었으며, 자기처럼 선의의 피해자들이 더 이상 나오지 않아야 한다는 공동체 일원으로서의 애정이 여기까지 이르게 한 에너지였습니다. 이 송사를 위해 그는 적지 않은 비용을 들였고, 앞으로도 예상 못할 과정들이 또 놓여 있을 것입니다. 그러나 그는 중지하지 않기로 마음먹습니다. 사람들은 이런 그를 두고 고지식하다며 핀잔 줍니다. 그러나 자신이 속한 공동체의 일원이 된다는 것은 희생을 각오한 의무까지 포함합니다.

시민 됨이란 이를 가리킵니다. 무관심이나 방치는 결국 시민 됨을 포기하는 것이며, 그 귀결은 우리 아이들에게까지 대를 이어 상처를 줄 것입니다. 그리스도인이 된다는 것, 이 역시 곰곰 생각하면 시민 됨의 본질을 깨닫고 시민으로 살기를 작정하는 것에 다름 아닐 것입니다. ✿

음지에 피는 꽃이 아름답다

양지가 있어 음지도 있습니다. 음지가 있어 양지도 있을 수가 있지요. 사람들은 양지에 모이기를 좋아하는 주광성 생물처럼 보입니다. 음지엔 늘 적막 같은 찬바람이 불지요. 지난날 월드컵 축구팀이 승승장구할 때 사람들은 모두들 차범근 감독을 치켜세웠는데, 그가 몇 경기에서 부진하니 금세 교체설이 나돌았던 것 또한 사람들의 이런 양지 습성 때문인지 모릅니다. 사람들은 냄비처럼 쉬 끓다가도 쉬 식어 버리는 데 익숙합니다. 그러나 양지는 감춰진 사랑도 없거니와 희생이라 불릴 정겨움도 없습니다. 정승집 개가 죽으면 문상객이 몰리는 것과 같은 이치입니다. 함부로 신뢰할 수 없는 얼굴들이 양지에서 만나는 얼굴이기도 합니다.

대학입시를 그르치고 뒷방에 처박혀 있을 때, 잘나가던 사업체가 부도가 나서 단칸 사글세방으로 추락했을 때, 장애인이라는 딱지를 붙이고 모든 만남으로부터 격리됐을 때, 주연배우 명단에서 어느 날 이후 이름이 사라졌을 때, 모든 일이 뜻대로 풀리지 않는 슬럼프에 빠졌을 때, 내가 아무에게도 도움이 못 되고 오히려 짐이 될 수밖에 없는 그 때, 사람이 그립고 작은 정조차 고맙고 함께 있는 것만으로 충분히 힘이 되는 그때. 그렇습니다. 사람에겐 누구나 '그때' 가 있게 마련입니다. 그러나 그때야말로 비로소 친구를 만날 수 있는 시간입니다. 음지에서 피는 꽃이 아름답기 때문입니다.

이제 전화번호부를 펴고 전화기를 듭니다. 지금 내 전화를 기다리는 이들에게 음지의 꽃이 되기로 합니다. 한둘이 아님을 비로소 깨닫습니다. 한 장로님, 대그룹에서 처장으로 좋은 세월을 보내던 분이 명예퇴직 후 하숙집 주인으로 새 일을 시작했다는데……. 얼마 전 남편을 불의의 사고로 먼저 떠나보낸 집사님……. 언제나 막내 같던 영석이 녀석, 지금 논산 훈련소에서 생전 처음 낯선 외로움에 눈물 흘리고 있을 텐데……. 부도가 나서 아내는 가출하고 아이들은 고아원에 보내고 자신은 외딴 빌딩 지하에 잠자리를 펴는 낯모르는 이들. 이들을 위해, 지금 일어나 기도해야겠습니다. ✾

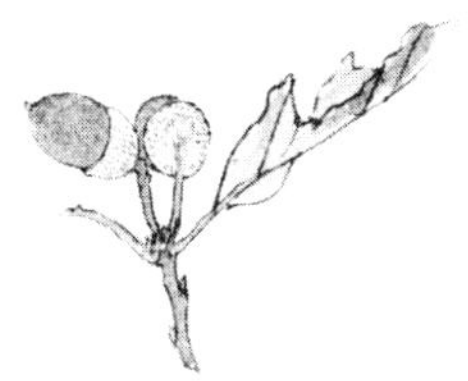

부에노 비스타 소셜 클럽

　영화와 음반을 통해 잘 알려진 '부에노 비스타 소셜 클럽'은 어느 누군가의 표현처럼 "음악, 혁명보다 영원한……"이란 문구가 어울립니다. 쿠바 음악의 원초적인 에너지, 그래서 '월드 뮤직'이란 이름으로 세계에 다가가고 있습니다. 미국, 일본 등지에서 이미 이 음반과 라이브 공연이 기록적인 성공을 거둔 데서 그들의 힘은 충분히 증명됩니다. 그러나 여기에는 의미 있는 실험 한 가지가 전제됐습니다. '부에노 비스타 소셜 클럽'의 멤버들 그 자체입니다. 한 사람 한 사람의 면모는 이렇습니다.

　기타리스트 꼼빠이 세군도, 그는 94세의 노인입니다. 그의 평생을 담아 온 기타 연주와 노래는 그 자체로 인생입니다. 거기 누구보다 뜨거운 젊음이 엿보입니다. 이브라힘 페레, 그는 74세의 노인 가수입니다. 1950년대 쿠바에서 유명 가수로 활약하다 잊혀진 인물이었던 그는 50년 가까운 세월을 구두닦이 생활을 하면서 생계를 유지했습니다. 그러다 다시 이 클럽에 참여하게 됐고, 세월보다 더 강한 열정으로 노래하고 있습니다. 루벤 곤살레스, 그는 82세의 노인 피아니스트입니다. 라이 쿠더가 "내 평생 가장 위대한 피아니스트"라고 극찬한 그

역시 쿠바의 후미진 어느 곳에서 피아니스트로 음악 열정을 품고 살던 사람입니다. 이 밖에도 '부에노 비스타 소셜 클럽'의 멤버는 모두 나이가 들었지만 이들처럼 음악을 향한 에너지를 안고 살아 온 사람들로만 뭉쳐져 있습니다. 그들의 노래는 삶이고 신앙입니다. 그래서 누구나 자연스럽게 친숙할 수 있는 깊은 공감대를 지니고 있습니다.

'가장 깊은 것은 모든 인간이 공유하고 있다'는 믿음을 더욱 분명히 해 주는 것입니다. '부에노 비스타 소셜 클럽'에게 그것이 음악이었다면 또 다른 누군가에게도 그런 깊은 노래가 있을 것입니다. 세월이 흘러도 언제나 식지 않고 가슴에 불타고 있는 그것 말입니다. 생각해 봅니다. 내게 있어 그건 무엇일까 하고.

(세군도 씨는 2003년 7월에 세상을 떠났습니다.)

다시 생각하는 이순신

다시 이순신 장군을 생각했습니다. 초등학교 시절 내게 영웅으로 새겨졌던 그를 《칼의 노래》(생각의나무)라는 소설책을 통해 서른 넘은 나이에 다시 바라볼 수 있었습니다.

지금까지 이순신 장군은 사람이 아니었습니다. 적어도 내게는 그랬습니다. 그에겐 뛰어난 장수로서의 검술과 지혜, 그리고 부하들을 리드하는 카리스마가 있었습니다. 그가 나서는 싸움마다 불패의 신화를 이어갔고, 열두 척의 배로 200척의 적선과 맞서 싸우는 전설의 영웅이었습니다. 우리에게 이순신 장군은 그렇게 새겨져 있을 뿐입니다.

《칼의 노래》에서 나는 '인간 이순신'을 봅니다. 무엇보다 그 불패의 영웅에게 죽음에 대한 한없는 두려움이 늘 마음 밑바닥을 흘렀다는 사실에 놀랍니다. 소설이지만 《난중일기》를 바탕으로 쓴 글이기에 많은 부분 논픽션의 영역을 가지고 있으며, 실제로 《난중일기》엔 그가 홀로 죽음을 맞서 고민한 많은 흔적들이 있습니다. 적들의 주검을 보면서도 그의 내면은 홀로 울고 있으며, 어디서 자신의 죽음을 맞아야 할지 끊임없이 질문하고 있는 모습에서도 나는 '인간 이순신'을 만납니다. 아들 면이 적의 칼에 맞아 쓰러진 날, 그는 하루 종일 홀로 그 슬픔을 삭입니다. 그러다 바닷가를 거닐고, 아무도 보지 않는 구석창고에 들어가 그는 죽음 같은 울음을 웁니다. 날이 궂거나 울적해지면 그는 늘 젖먹이 시절 아들 면의 냄새를 떠올립니다. 여인네에 대한 그의 연정 또한 언급되지만 이 부분은 《난중일기》에서 벗어나 작가의 상상력이 현실로 그려진 부분입니다.

그러나 이순신 장군의 아름다움은 그런 인간으로서의 새로운 발견에서가 아닌 인간의 다양한 감정의 스펙트럼을 자신에게 부여된 최전선의 수장에 걸맞게 철저히 조절해 가는 모습입니다. 연민조차 억누르고 법의 정도를 걸으려는 모습, 아비요 남자요 한 인간이면서 그것을 조절하며 한 국가의 최후 방어선에 의연히 서려는 모습, 그런 모습이 이순신을 더욱 빛나게 만드는 요소입니다. 사람의 아름다움은 고상한 목적을 위해 자신을 복종시킬 수 있을 때, 그것까지 일러 우리는 사람됨이라 불러야 할 것 같습니다. ✿

4

오늘의 삶을 감사케 하는 나눔 향기

무엇보다 이웃을 배려할 줄 모르는 마음이야말로 천박함의 극치입니다.

예절이 천박함으로부터 벗어나는 기초라면 섬김은 그 위에 쌓아야 할 탑입니다.

그리고 가장 깊고 무거워 고상하기까지 한 삶의 극치를 일러 우리는 십자가라 합니다.

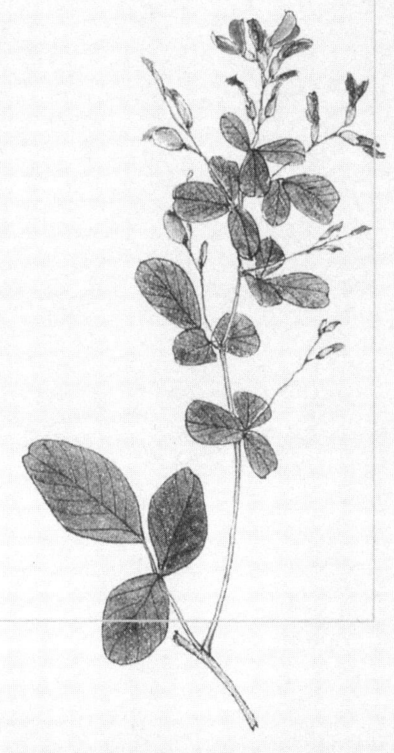

아름, 다운, 대한, 민국

‘아름 · 다운 · 대한 · 민국’ 네 아이의 아빠 황 목사님은 요즘 입양의 즐거움을 다른 가족들에게 소개하느라 침이 마릅니다. 1998년에 쌍둥이 형제 ‘대한 · 민국’을 입양한 황수성 목사(고신대 병원) 가족이 두 아이를 중심으로 모여들었습니다. ‘아름’이가 고1이고 ‘다운’이가 중3이지만, 같은 또래 아이들이 있는 여느 가정과는 다른 화목이 느껴집니다. 무엇보다 없는 형편에 아름다운 결정을 내린 황 목사를 두 딸이 더욱 존경하게 된 사실이 큰 보람입니다. 다운이는 학교에서 시상하는 ‘훌륭한 어머니상’ 수상자로 엄마를 자신이 직접 추천할 정도입니다.

물론 대한이와 민국이가 옴으로써 많은 걸 포기해야 했습니다. 친구들이 좋아하는 비싼 옷이나 학용품은 아예 생각지도 못합니다. 집에 돌아오면 엄마가 없는 새에 기저귀도 갈아 채우고 하느라 시간도 여간 뺏기지 않습니다. 그러나 여전히 산타클로스 할아버지가 살아 계셔야 하고, 부활절이면 예쁜 계란꾸러미를 만드느라 그들 안에 동심은 고스란히 보존됩니다. 아름이 다운이는 늘 말합니다. ‘대한민국’을 위해서라면 이 정도는 포기할 수 있다고.

　　한국 교회가 세상 사람들로부터 온갖 모욕을 받고 있습니다. 곰곰 생각해 보면 정말 이상한 집단처럼 보일 법도 합니다. 복음을 너무나 값싸게 만들었습니다. 주일에 교회 나가는 것, 종교란에 기독교라고 쓴다는 것, 밥 먹기 전에 기도한다는 것 등이 복음으로 거듭난 그리스도인이라 착각하고 있는 듯합니다. 그 대표적인 증거가 바로 입양 후진국, 아니 이 땅의 아이를 외국으로 수출해야 하는 현실입니다. 하나님은 누누이 당신이 고아의 아버지이심을 강조하시며 교회가 고아와 과부를 돌보아야 할 것을 말씀하셨지만, 1,200만 명의 그리스도인이 있는 이 땅은 고아를 수출하고 있습니다. 분명 둘 중 하나는 거짓입니다. 그리스도인들이 없든지 고아 수출이 없든지……. ❀

길 떠난 가족

　서울시 고위공무원인 이성 씨가 중학생인 두 아들과 조카를 데리고 1년간의 세계일주 여행에 나섰다는 기사를 오래 전에 접했습니다. 중국을 시작으로 동남아까지 40여 국가를 여행한다는 목표로 떠난 그들의 모습이 텔레비전 카메라에 잡히기도 했습니다.

　그들은 이 여행을 위해 전세금을 빼고 직장과 학교를 쉬기로 결정했습니다. 이 여행을 먼저 제안한 사람은 아버지였습니다. 아버지는 이렇게 말했습니다.

　"좀 쉬고 싶었던 이유도 있었지만 무엇보다 가족관이 분명하지 않았던 것 같습니다. 내가 생각하는 것보다 형제간 우애도 약하고, 나 또한 직장생활 한답시고 가장으로서 집에 아무것도 못 해 준 것이 마음이 아팠어요. 가족을 위해 어떤 결단을 해야 한다는 생각 때문에 시작한 여행입니다."

　그러나 사실 힘겨운 일이었습니다. 아이들의 불만도 적지 않았지요. 라면이랑 생선회를 가장 먹고 싶다고 말하는 아이들 모습이 충분히 이해됐습니다. 함께한 조카는 엄마의 죽음으로 돌볼 사람이 없게 되어 이성 씨가 가족으로 받아들였고, 이번 여행은 이런 조카가 진정한 가족이 되기 위한 과정이기도 했습니다. 마추픽추(고대 잉카제국 최후의 도시)에 가기 위해 쉬운 열차여행을 마다하고 3박 4일의 산악행군에 나서기로 결정한 것도 그 고된 시간 속에서 가족의 유대를 회복하고 싶었기 때문입니다. 발이 부르트는 그 힘든 여행에서 서로 여러 가지 갈등을 겪기도 했지만 그 갈등을 풀어내고 나면 어느새 새로운 관계의 가족으로 태어났습니다.

이런 가족이 있는 아이들의 미래는 그렇지 못한 아이들에 비해 훨씬 건강할 것이란 믿음이 있습니다. 가족을 위한 이성 씨의 결행이 그래서 세상을 건강하게 만드는 힘인 셈입니다. ✳

아버지를 추억함

저의 아버지는 참 외롭게 살아오신 분입니다. 한국전쟁 후 전쟁고아로 어린 시절을 고아원에서 보내다가 시골의 자식 없는 노부부 가정에 입양되어 머슴처럼 사셨습니다. 초등학교도 못 나오신 것을 보면 그렇습니다. 아버지의 모습이 안쓰러워 주위 사람들이 "도망이나 가지 그러냐" 충고도 했지만 아버지는 그런 도망도 못하실 만큼 묵묵히, 우직하게 사신 분입니다.

아버지는 저와 동생, 이렇게 두 아들을 낳았습니다. 해 보지 않은 막노동이 없을 정도로 열심히 일하셨습니다. 손마디에 언제나 굳은살이 박여 있었습니다. 아버지의 모습은 한결같았습니다. 배운 게 있어 누구와 입담 좋게 이야기하실 줄도 몰랐습니다. 오십이 넘은 연세로 노동현장에선 노인 취급이나 받아야 할 분이셨지만 소장들이 젊은이들을 제쳐놓고 아버지와 함께 일하기 원했을 정도로 아버지는 성실하셨습니다. 꾀부리거나 누구에게 피해를 주는 일은 생각도 못하신 분입니다. 일이 끝나면 집으로 곧장 오셨고, 한 번도 지각이나 결석을 몰랐던 분입니다. 아버지는 아들의 성화에 못이겨 교회에 나오셨으며, 나중에는 그 우직하심으로 집사란 직분까지 받았습니다. 많은 교회들이 예배에만 빠지지 않으면 집사 직분을 주지만 아버지에게 집사직분은 단순히 그런 의미 이상이었음을 저는 잘 압니다. 이것이 아버지께서 세상을 사시면서 받은 유일한 '직분' 이었을 것이기 때문입니다.

아버지는 제 아내에게 유난히 사랑받는 시아버지셨습니다. 그 때문에 아버지의 입가에는 웃음이 떠나지 않았습니다. 이토록 오랜 시간 아버지를 보아 왔지만 그렇게 무표정하던 분이 저 큰 웃음을 가지신 게 기적인 듯싶었습니다. 뇌졸중으로 삶을 마치기까지 쉰다섯 해의 삶은 그야말로 조금씩 조금씩 그런 웃음을 만들어 온 삶이었을 것입니다. 당신 자신을 위해선 정작 아무런 준비도 못하신 채 가족과 직장, 그리고 나중에 알게 된 교회, 그것밖에 모른 채 열심히 걸어온 삶이었습니다. 그에게서 역사를 어떻게 보는지, 세상의 복잡한 현상을 어떻게 풀이하는지, 얼마나 세련된 말씀으로 사람들을 감동시키는지, 그런 것을 기대하지 않습니다. 그러나 이제 웃음 웃으셔야 할 순간에 이르러 아버지는 떠나셨습니다. 가야 할 길을 다 마친 뒤 퇴장해 버리신 분입니다.

아버지는 우리 시대 또 다른 아버지의 모습입니다. 이 나라 경제 성장의 공(功)을 어느 한 사람에게 떠넘기는 우리 시대의 역사 인식이 얼마나 천박스러운지 아버지를 보면 금세 느낍니다. 아버지들의 땀, 그들의 묵묵한 삶이 없었던들 어찌 다음 세대의 천박한 웃음인들 가능했겠습니까. 다시 아버지의 삶을 읽습니다. 기성세대로 한꺼번에 매도해 버린 우리 아버지들의 삶을 재평가합니다. 한 마디 공치사도 못한 채

사라져 가시는 그분들에게 제 아버지를 보듯 박수 보내고 싶습니다.
당신의 그 우직하심이 세상을 바꾸어 왔음을 인정하고 싶습니다. ✻

사랑은 $E=mc^2$

1984년 서울의 겨울은 유난히 추웠습니다. 계속되는 영하 15도의 추위 속에 한강도 꽁꽁 얼었습니다. 그때 마침 저는 필리핀 선교지에서 돌아온 지 며칠이 안 됐습니다. 오자마자 바로 맞는, 그리고 제 생애 서울에서 맞는 첫 겨울이었습니다. 서울 생활이 아직 낯설기만 한데 추위까지 거세니 우리의 성탄절은 외롭기까지 했습니다. 그 외로운 날, 아이들의 선물꾸러미를 한 아름 안으시고 제가 살던 외딴 집을 찾아 주셨던 분이 박 장로님입니다. 제 평생에 그날은 잊을 수 없는 날이 됐습니다. 주소도 모르고 아직 전화도 가설되지 않았을 때인지라 장로님의 방문은 생각조차 못했고 도무지 믿기지도 않았습니다. 제가 아는 이들 가운데 우리 집을 아는 사람은 아무도 없었기 때문입니다.

그날 장로님은 특유의 웃음 가득한 얼굴로 우리 집을 찾으신 방법을 말씀하셨습니다.

"이 동네로 이사 왔다는 소식을 들었어. 그래 동사무소에 가서 지난 2개월 동안의 전입자 명단을 모두 확인했지."

그렇게까지 하시면서 제 주소를 알아내신 장로님의 마음을 저는 잘 압니다. 한 번도 제자의 외로움을 모른 채 지나치지 않으셨던 장로님이셨으니 말입니다. 이날 이후 우리 아이들은 장로님을 산타클로스 할아버지라고 부릅니다. 어쨌든 저에게 장로님 같은 스승이 있다는 사실만으로도 전 세상에서 누구보다 행복한 사람입니다. 바로 그 박 장로님이 며칠 전 하나님의 부르심을 받고 세상을 떠나셨습니다.

박 장로님의 제자에게서 들은 이야기입니다. 세상에는 누군가에게 행복을 주는 사람들이 있습니다. 그러기 위해선 꼭 자신의 일부를 희생해야 합니다. 시간이든, 돈이든, 편안함이든…… 포기해야만 가능한 일입니다. 'E=mc²' 아시죠? 수소폭탄의 원리입니다. 수소 원자핵들이 핵융합 반응을 일으켜 헬륨 원자핵이 생길 때는 질량이 줄어드는데, 그 줄어든 질량이 폭탄 같은 에너지를 냅니다. 박 장로님이 자주 이런 비유를 들었다고 합니다. 사랑의 위력, 그 폭탄 같은 에너지 역시 자신의 것을 내어주고 포기할 때 생성되는 것이란 의미입니다. ✿

더 많이 존재하는 비결

IVF의 세계 총회에 참석하기 위해 우리나라를 찾으신 존 스토트 목사님은 첫눈에 '고상함과 푸근한 인격'이 느껴지는 얼굴입니다. 그에겐 많은 사람들이 갖지 못한 특별함이 있어 부럽습니다. 가령 자신을 관리하는 모습이 그렇습니다. 누구를 만나든 그 만남 시간을 꼭 지키려 합니다. 영적인 관리 또한 엄격해서 매일 밤, 잠자리에 들기 전에는 그날 하루 동안 만난 사람들의 이름을 기억하며 기도합니다. 무엇보다 만남을 소중히 하려는 모습이 눈에 띌 정도입니다. 외국인과 만났을 때 그의 이름을 정확한 발음으로 부르기 위해 통역하는 이에게 교정을 받고 그렇게 수십 번씩 연습한 뒤에 비로소 그 이름을 부르는 모습이 보기 좋습니다.

그의 검소한 삶은 무엇보다 큰 도전을 던집니다. 6년 전 그가 한국에 왔을 때의 일입니다. 어느 재벌 부부에게 식사 초대를 받았습니다. 자신을 안내하는 이에게 그 제안을 받아들여야 할지 물어보았습니다. 문화의 차이를 배려한 것입니다. 가이드가 그렇게 하는 게 좋겠다고 하자 그는 승낙했습니다. 식당에서 식사를 하는데 스토트 목사님의 바지가 해어 속살이 비쳤나 봅니다. 옷이 너무 낡았던 것입니다. 재벌의

부인이 가이드에게 물었습니다. 이분이 무례한 것인가, 아니면 주위에서 시중을 잘못 드는가 하고. 가이드가 이 양복은 이분에게 유일한 양복이고 30년째 그 옷을 입고 있다고 설명하자 그 부인이 옷을 한 벌 선물해도 괜찮은지 물었답니다. 이 말을 듣고 스토트 목사님은 이럴 경우 나는 대개 거절하는데 한국에선 어떻게 하는 것이 옳은지 물었고, 가이드가 받아들이도록 해서 결국 새 양복이 한 벌 생겼습니다. 스토트 목사님은 자신의 그 낡은 양복을 가이드에게 주면서 자기보다 가난한 한국 사람에게 그 옷을 전달해 달라고 말했습니다. 물론 너무 낡아서 누구에게 전해 줄 수 없었습니다. 텔레비전이나 전화 등을 갖지 않은 채 숲 속의 자기 서재에서 평생을 저술에 몰두해 온 그는, 우리나라에 번역된 것만도 60권이 넘는 방대한 지적 영적 소산을 남겼습니다.

존재한다는 것은 결국 영성의 깊이이며 넓이입니다. 다시 말해 그리스도의 가르침에 어긋나지 않는 생각과 삶을 지니는 것, 이것이야말로 더 많이 존재하는 비결입니다. 영적인 거장, 스토트 목사님의 삶은 우리 시대가 얼마나 천박한 삶을 살고 있는지 반증하고 있습니다. ❁

산골의 '슈퍼맨 목사님'

쌍둥이 형제인 수철이와 수민이는 하루 종일 할머니와 할아버지 곁에서 시간을 보냅니다. 산골 마을, 그 가운데서도 맨 끝집이 수철이와 수민이네 집입니다. 가장 가까운 집은 산길로 30분쯤 걸어가야 나타나는 민석이 형네입니다. 수철이와 수민이의 소원은 친구들이 가까이 살아서 아침 먹고 달려가 "누구야 노올자" 하고 불러내 실컷 뛰고 노는 것입니다. 그러나 태어나서 지금까지 그들 집 가까이엔 집이 한 채도 생기지 않았습니다.

수철이와 수민이가 가장 기다리는 시간은 저 아랫마을에 사는 목사님과 사모님이 방문하는 날입니다. 며칠 전 목사님은 그들에게 매우 값진 선물을 하나 가지고 오셨습니다. 자전거입니다. 아마 목사님이 아는 사람의 살림 중에 쓸모가 없어진 걸 수철이와 수민이를 생각해 목사님이 일부러 차에다 싣고 오셨나 봅니다.

둘은 요즘 그 자전거로 집 주위를 오르락내리락하는 데에 푹 빠져 있습니다. 그런데 그저께 아침에 일어났더니 자전거 타이어가 축 늘어져 땅바닥에 배를 깔고 있었습니다. 할아버지께 고쳐 달라고 말씀드렸지만 그저 "잘 모르겠다, 나중에 목사님 오시면 물어봐라" 하십니다.

할머니 할아버지는 뭔가 문제만 생기면 쌓아 뒀다가 나중에 목사님께 물어보곤 하십니다. 수철이나 수민이는 물론 할머니 할아버지, 그리고 고등학교에 다니는 수아 누나까지 목사님을 슈퍼맨이라 생각합니다.

오늘 목사님이 오셨습니다. 목사님은 "빵구가 난 것 같네" 하시더니 자전거를 차에다 싣고선 시내로 나가셨다가 다시 돌아오셨습니다. 그 힘없던 타이어가 어느새 탱탱해졌습니다. 슈퍼맨 목사님은 오늘도 멋지게 임무를 완수하셨습니다.

"우리 수철이와 수민이는 이 다음에 커서 어떤 사람이 되고 싶니?"

언젠가 서울 사는 삼촌이 그들에게 물었습니다. 둘은 입을 맞춘 듯이 "목사님이요"라고 대답했습니다. 둘에겐 세상에서 목사님보다 힘 있고 멋진 사람이 없었기 때문입니다. ✽

노숙자로 오신 예수님

노숙자로 오신 아기 예수님이 떠올랐습니다. 정말 그랬습니다. "맏 아들을 낳아 강보에 싸서 구유에 뉘었으니 이는 사관에 있을 곳이 없음이러라"고 누가복음은 기록했습니다. ……그들은 길거리를 헤 맸고 마침 그 아내는 임산부였습니다. 하마터면 길에서 아이를 낳 을 뻔했는데 숙소를 찾다 찾다 마구간에 가서 아이를 낳았던 쓸쓸 한 그 노숙자 가족! 그 이야기가 바로 크리스마스 스토리입니다.

('송명희의 기도시' 일부, 〈기독신문〉)

송명희 시인이 오늘의 크리스마스를 맞으며 읊은 기도시입니다. 오 늘 아침 조간신문에는 어느 성당의 신부님 이야기가 실렸습니다. 얼마 전 주일 아침, 교인들에게 빳빳한 천 원짜리 지폐 석 장이 담긴 흰 봉 투를 건네주는 사진이 함께 보입니다. 그 돈으로 길거리에 있는 '노숙 자 예수님'을 섬길 것을 부탁하고 있습니다. 마태복음 25장의 주님 말 씀, 소자에게 냉수 한 그릇 대접한 것이 곧 당신께 대접한 것이라던 말 씀이 떠오릅니다. 작년에도 똑같이 봉투를 나눠줬더니 교인들이 거기 다 웃돈까지 얹어서 아름다운 갖가지 선행을 베풀었답니다. 올해도 성탄절 날 아침 그들은 함께 모여 그 '3,000원의 기적'을 함께 이야기할 것이라 합니다.

사람들이 붐비는 길거리마다 구세군 자선냄비의 애절한 호소가 들립니다. 딸랑딸랑하는 종소리가 올해는 더욱 가슴을 파고듭니다. 백화점의 화려한 네온사인이야 예년과 다르겠습니까만 왠지 빛을 잃은 듯합니다. 그래서 어쩌면 예전보다 더 가까이 우리 주님의 모습이 보이는 듯합니다. 그리스도인으로 부름 받은 것이 이때를 위함이 아닐는지 생각해 봅니다. ✿

교회는 숨겨진 우리 존재의 뿌리

한국 교회가 만신창이가 된 듯한 느낌입니다. 교회가 본이 되기보다 오히려 부끄러운 일들을 하는 데 앞장서기 때문입니다. 교회 하면 사람들은 온갖 좋지 않은 표현을 써서 교회의 본디 아름다움조차 훼손해 버리는 듯합니다. 그러나 사실 주님의 교회는 어느 시대든 파릇파릇하게 자라 세상을 향해 유일한 대안이 복음뿐임을 증거합니다.

시장 안에 자리한 어느 교회는 시장 사람들로부터 칭찬받는 교회입니다. 새 목사님이 부임해 오면서부터입니다. 그는 당장 이웃을 섬기는 일을 시작했습니다. 젊은 주부 교인들이 매주 하루씩 모여서 시장 사람들에게 차 대접을 하기 시작했습니다. 대추와 계피를 정성껏 끓여 보온병에 넣어 가게를 찾아다니며 대접을 했습니다. IMF로 생활이 어려워졌을 때는 끼니를 거르는 이들에게 국수를 대접했습니다. 딱히 운동장이 없는 동네 청소년들을 위해서 교회 마당에 농구대를 설치하고 모두가 들어와 놀게 했습니다. 지금은 그들에게 공부방을 열어 줄 양으로 교회 시설을 수리하고 있습니다. 청소년들이 잔뜩 기대를 하고 있습니다. 이 때문인지 시장 사람들 가운데 교회에 등록하는 숫자도 늘고 있습니다. 욕쟁이 할머니로 소문난 생선가게 할머니는 1년 전에 교회 처음 나온 뒤로 시장 사람들이 인정하는 '천사 할머니'로 변했습니다. 아무도 모르게 교회 마당에 오셔선 꽃나무를 심고 갈 만큼 맑은 마음을 갖게 됐습니다. 달라진 할머니 모습을 보고 시장 사람들은 누가 욕이라도 하면 "너도 교회 가야겠다"라고 농담을 할 정도입니다.

그러나 우리가 알듯이 텔레비전 카메라는 이런 교회를 세상에 알려 주지 않습니다. 부정적인 교회상만 비추는 방송국을 향해서 억울하다고 하소연만 할 일도 아닌 듯싶습니다. 오히려 교회의 이런 아름다운, 참 모습을 감추며 차라리 참회하는 모습으로 세상 깊숙이 파고들었으면 좋겠습니다. 이렇게 세상의 뿌리를 향해 더욱 깊숙이 파고들다 보면 어느새 세상의 대안으로 존재하는 주님의 교회들이 대세를 형성할 것입니다. ✿

목회의 본질은 섬김입니다

류 목사님은 충남 서천 지역의 조그마한 농촌 마을에서 목회를 하십니다. 처음 목사님을 만나면 도무지 시골에서 일하실 분으로는 보이지 않습니다. 두꺼운 안경테에 학자풍의 외모가 그렇습니다. 하지만 부임 후 2년 6개월 만에 목사님은 이 마을 사람들이 모두 인정하는 '마을 주민'이 됐습니다.

처음에 교회는 주민들로부터 '왕따'였다고 합니다. 이런 문화를 목사님은 섬김이란 방식으로 바꿔 가기 시작했습니다. 처음 마을에 오자마자 어른들을 찾아다니며 인사부터 올렸습니다. 잘 부탁드린다는 너스레 같은 인사였습니다. 문 앞에 대나무가 꽂힌 무당 할머니 집까지 찾아가 넙죽 절을 올렸습니다. 종교를 떠나 이웃 할머니, 나아가 복음을 전해야 할 영혼으로 바라보았기 때문입니다. 마을 어른들 가운데 상이라도 나면 재빨리 조문을 나섰습니다. 교인이든 아니든 관계하지 않았습니다. 한 번만 아니라 발인하는 날에도 꼭 찾아가서 뒷자리를 채웠습니다. 손이 귀한 집의 경우엔 상여지기도 자청했습니다. 물론 그들이 먼저 "목사님 괜찮습니다"며 물리치려 했지만 목사님 고집도 만만치 않았습니다.

이런 일도 있었습니다. 지은 지 2년밖에 안 된 교회 식당이 불법 건물임을 안 것은 부임 후 얼마 되지 않아서였습니다. 목사님은 교인들을 설득해서 이 불법 건축물을 허물었습니다. 교회가 불법을 안고서는 이웃에게 할 말을 못할 것이기 때문입니다. 대신 그 자리에 마을 아이들을 위한 농구장을 만들었습니다. 그리고 매년 한 차례 길거리 농구대회도 열었습니다. 인근의 주민들까지 관심을 보이면서, 이들 지역의 청소년들에게 이 농구대회는 가장 기다려지는 행사가 됐습니다.

또 있습니다. 이 지역 초·중등학교에는 졸업식 때 '사랑상'이란 것이 있습니다. 학생들이 직접 투표를 해서 뽑는 상입니다. 이 상을 만든 분도 다름 아닌 목사님입니다. 졸업식에서 가장 푸짐한 상금이 주어지기 때문에 인기 최고의 상이지요. 얼마 전 목사님은 이 초등학교 어린이들로부터 편지 세례를 받았습니다. 국어시간에 편지쓰기 시간을 가지면서 선생님이 '장로교회 목사님'께 감사편지를 쓰는 것이 어떠냐며 아이들에게 제안했기 때문입니다. 이 선생님은 교회에 나오지 않는 분인데도 목사님에 대한 존경이 남달랐던 것입니다. 이날 어린이들이 쓴 편지 가운데는 다음과 같은 간곡한 부탁 한마디가 들어 있었습니다.

"목사님이 우리 마을을 떠나지 않았으면 좋겠습니다."

(충남 서천에서 비인교회를 담임하시는 류석 목사님 이야기입니다. 목사님에겐 고민이 많았습니다. 성도들 대부분이 노인이고 아이들이기 때문에 그의

가르침이 쉽게 전달되지 않는다고 했습니다. 참 많은 시간이 필요하다는 생각을 하신 듯합니다. 그런 기다림이 힘겨운 듯했습니다. 그러나 그런 고민에도 불구하고 묵묵히 주님을 보시는 당신의 모습에 박수를 보냈습니다.)

황 선생님 약국

우리 동네엔 모두 네 군데 약국이 있습니다. 그러나 명절 때면 언제나 황 선생님의 약국만 문을 엽니다. 약사인 황 선생님은 목사님의 사모님이기도 합니다. 처음엔 다른 약국들이 문을 열지 않으니 손님을 '독점' 하고 싶어 무리하나 보다 생각했습니다. 나중에 다른 약국 약사 아저씨로부터 사정을 듣고 나서야 나의 이런 오해는 풀렸습니다. 약사들이 모여서 휴일에 약국 문을 열 당번을 정하는데, 서로들 미루고 더 유리한 날짜만 고집하자 황 선생님이 "그러면 내가 명절기간 동안 문을 열 테니 모두 고향 다녀오세요" 했답니다. 이런 모습 때문에 황 선생님은 다른 약사들로부터 누나로 통합니다. 한두 번 그런 뒤로 아예 명절엔 황 선생님이 당번 서는 걸 당연시하게 됐습니다. 약사들은 황 선생님의 이런 친절에 감사해서 주일 당번 명단에서는 빼 줍니다. 사모님이란 사실을 고려해 준 것입니다.

말이 나온 김에 황 선생님 이야기를 더 하겠습니다. 이 약국은 우리 동네에서 가장 오래된 약국입니다. 손님도 가장 많습니다. 오래됐기 때문이 아니라 황 선생님의 정성 때문입니다. 그의 컴퓨터 속엔 손님들의 건강 이력이 차곡차곡 적혀 있습니다. 형식이 아닙니다. 이 이력

서엔 나도 모르는 나의 '과거'가 가득할 정도입니다. 약이 필요 없는 경우엔 절대 약을 주지 않는 것도 황 선생님에 대한 신뢰를 높여 줍니다. 가령 멀미니 가벼운 감기니 하는 것은 적절한 처치 방법만 가르쳐 줍니다. 비싼 영양제는 급하지 않는 이상 '싼 도매상'을 이용하도록 권합니다. 밤에도 급하면 황 선생님 댁에 전화부터 하는 게 우리 동네 사람들의 습성이 됐습니다. 이런 황 선생님이 언젠가 이사를 가려 한다는 소문이 돌았습니다. 그러자 동네 주민들이 모두들 있어 달라고 만류했습니다. 그래서 결국 이사를 포기했다는 말까지 들었습니다. 그 말이 사실인 듯합니다. 우리 동네 사람들 가운데 많은 사람은 황 선생님 권유로 교회에 갑니다. 콩을 팥이라 해도 그의 말은 믿기 때문입니다.

황 선생님을 보면 세상을 사는 지혜가 열리는 듯합니다. 더불어 함께 사는 일, 그런 일이라면 무엇이든 가치 있고 소중합니다. 내가 하는 일을 돌아봅니다. 내 일이 소중한 일이 되려면 갖춰야 할 것을 황 선생님으로부터 배웁니다. 또 내가 그리스도인으로 아름다운 공동체의 한 사람이 되기 위해 어떻게 살아야 할지 배웁니다. ✸

예수님 이름으로 드립니다

오래 된 책이어서 제목밖에 기억나지 않습니다. 《비전》이란 번역물이었던 것 같습니다. 이 책에 다음의 내용이 실렸습니다.

성탄절을 하루 앞둔 도심은 오가는 사람들로 붐빈다. 그리 화려하지도, 남루하지도 않은 옷차림의 아버지와 아들이 사람들 속에서 거닐고 있다. 열두서너 살쯤 돼 보이는 아들의 손에는 작은 선물 꾸러미가 들려 있다. 동시에 한 노파의 구걸소리가 들린다. 대개는 이 노파에게 눈길을 보이기도 하지만 그냥 지나쳐 버린다. 동전 몇 닢을 떨어뜨리기도 한다. 아들의 손목을 잡고 가던 아버지는 낡은 지갑 속에서 지폐 한 장을 꺼낸 뒤 아들에게 쥐어 주면서 말한다.
"애야, 이 돈을 할머니에게 드리면서 말해라. 예수님의 이름으로 우리 정성을 드린다고."
아들은 구걸하는 노파에게 걸어가서 아버지의 당부대로 "예수님의 이름으로 우리의 정성을 드려요"라고 말하며 지폐 한 장을 건넸다.
이 아들은 그 후 성인이 됐을 때 이날을 회고하면서 말했다.
"목사였던 아버지는 평소 무척 검소하셨고 그분이 드린 지폐 한 장은 당신으로선 무척 큰 액수였다. 게다가 결코 선행 하나까지도 예수님의 이름으로 행하셨던 분이었다. 그의 가르침을 눈으로 보면서 배울 수 있었던 건 무엇보다 소중한 복이었다."

꽤 오래 전에 읽은 책인데 저에게 오랫동안 기억되는 부분입니다. 자본주의라는 배경에서 일궈 낼 수 있는 아름다운 윤리란 생각이 들어서였을 것입니다. 땀 흘린 만큼 축적하고, 그것을 나눌 수 있는 정신이 엿보이기 때문입니다. 나눔이 아름다운 것은 가짐이 아름답기 때문입니다. 부끄러운 소유의 끝은 아무리 포장되어도 그 소유 이전의 제자리로 돌아가기까지 미화될 여지가 없습니다. 그리고 아무리 아름다운 소유를 이뤘다 하더라도 나눔의 단계에 이르지 못한다면 여전히 부끄러운 소유일 뿐이지요.

아름다운 소유는 물론이거니와 나눔에는 더욱 이르지 못한 우리들을 봅니다. 천민자본주의입니다. 이제 제 아들의 손을 잡고 거리에 나섭니다. 아들에게 무척 검소하면서도 나눔을, 예수님의 이름으로 행한 아버지로 비쳐지고 싶습니다. ✽

다시 찾은 기쁨

사십 줄에 들어선 지금, 이 일을 해 온 지도 벌써 15년째입니다. 장애를 가진 몸으로 또 다른 장애인들과 함께 살아온 세월입니다. 하루하루 그렇게 힘든 삶을 보냈지만 15년이란 세월은 금세 지난 것 같습니다. 장애인들의 엄마로 사는 일, 그것도 국가로부터 어떤 도움도 받지 않고 누군가 보내 주는 후원금 조금과 남편이 농장 경영해서 번 돈으로 마흔 명의 그들을 먹이고 입혔습니다. 아무렇지도 않았던 아이가 밤중에 갑자기 아프다고 자지러지게 울 때면 얼마나 당혹스러운지 당하지 않은 사람이면 그 심정 모를 것입니다. 그렇게 앓던 아이가 응급 처치가 늦어 세상을 떠나기라도 하면 당장 하던 일을 멈추고 싶었습니다. 하나님을 원망하며 며칠간을 울다가 눈물이란 눈물은 모두 마를 즈음에서야 비로소 그는 다시 아이들 앞에 설 수 있었습니다. 그렇게 보낸 15년이었습니다.

그런 그에게 얼마 전 더욱 맥 빠지는 일이 일어났습니다. 그날 밤 아이 몇이서 밖에 고양이 소리가 요란하다며 방문을 두드렸습니다. 그도 듣고 있었습니다. 고양이가 시끄럽게도 우는구나 생각하며 그냥 있던 터였습니다. 그러나 아무리 기다려도 그치지 않아 아이들과 소리 나는 쪽으로 갔습니다. 화단 옆 시커먼 옷가지에 덮인 채 울고 있는 물체는 고양이가 아니라 어린 아기였습니다. 누군가 이곳에다 버리면 키워 줄 것이라 생각했나 봅니다. 옷 모양새로 봐서 가난한 집 살림에 아이 키울 형편이 못 돼서 이런 짓을 했으리라 여겼습니다. 아무 생각도 없이 아이를 방에 데려다 놓고 그 밤중에 온 시내를 뒤져 우유와 젖병을 사 왔습니다. 하루가 꼬박 지나서야 아이는 안정을 찾았습니다. 아이가 안정이 되자 힘겨운 한숨이 새 나왔습니다. 아이를 버렸다……, 장애 아도 아닌 사지 멀쩡한 아이를 버렸다……. 말문이 막혔습니다. 그럼 난 뭔가? 장애의 몸으로 태어난 저 아이들과 함께 살기 위해 나를 버린 나는 도대체 누구인가? 또 하나님을 원망했습니다.

그렇게 며칠이 흐른 뒤 아이들 앞에 섰을 때 여느 때처럼 마흔 명의 아이들이 엄마를 기다리고 있었습니다. 기쁨은 또 그렇게 그녀 곁을 찾아왔습니다.

(주사랑선교회 박영숙 원장 이야기입니다. 들꽃이라 부르기엔 너무나 눈부신 헌신입니다. 그의 곁에 남편이 우뚝 서 있었던 기억이 있습니다. 조만간 다시 찾아야 할 사람들, 그래서 늘 숙제처럼 가슴에 남아 있는 분들입니다.)

우리 동네 목사님

그는 충청도 조그마한 농촌 마을 교회의 목사입니다. 서른다섯 살 그는 올해로 3년째 매우 소중한 실험을 진행하고 있습니다. 이 교회는 40명의 어른들과 70명의 어린이들이 주일마다 예배를 드립니다. 문제는 그 70명의 어린이들입니다. 교회가 위치한 면에 초등학교는 단 한 곳입니다. 전교생 100명, 그러니까 열 명 가운데 일곱 명이 이 교회의 주일학교 학생인 셈입니다. 누가 이 학교로 전학이라도 오면 아이들은 벌 떼같이 몰려들어 우리 교회에 가자고 말할 정도입니다.

그러나 그가 이 교회에 처음 왔을 때는 단 두 명의 어린이밖에 없었습니다. 그 둘도 실은 그의 아들과 딸이었습니다. 그럼 어떻게 지금처럼 어린이들의 천국이 될 수 있었을까, 궁금해집니다. 결론은, 인근 다른 교회의 주일학교가 텅 빈 사실을 안 그가 목회의 초점을 어린이에게 맞춘 데 있습니다. 교회로부터 소외된 어린이들에게 '좋은 일'이 무엇인지 찾아내어 자기 아이들에게 하듯 관심을 쏟기 시작한 것입니다.

아이들이 시골에 있어서 누릴 수 없는 문화 혜택, 교육 혜택을 교회에서 제공해야겠다고 다짐한 그는 주일예배를 마친 뒤 영어회화, 피아노 교습, 컴퓨터 교습 등을 시작했습니다. 소문이 났습니다. 읍내 나이트클럽에서 드럼을 치던 한 청년은 자신의 낡은 드럼세트를 교회에 기증하면서 주일 오후에는 교회로 나와 아이들에게 드럼을 가르치겠다고 자청했습니다. 이 청년과 함께 있던 기타리스트와 도시에서 바이올린 교습을 하다 내려온 어떤 이가 또 그렇게 합세했습니다. 물론 그들은 교인도 아니었지만 단지 교회의 '좋은 일'에 뜻을 같이하기로 한 것입니다. 어린이들이 50명까지 늘어났을 무렵, 이번에는 원불교 신자 한 분이 아이들의 점심식사비 일체를 부담하겠다고 찾아왔습니다. 이제 마을 전체가 뭘 도와줄 게 없을까, 모이면 그런 이야기로 화제를 삼게 됐습니다.

누군가에게 이 목사님을 소개할 때면 그들은 꼭 '우리 동네 목사님'이라 말합니다. 목사님은 어느새 그들과 하나가 된 것입니다. 농번기가 끝나면 동네 장정들은 교회로 와서 교육관 건물도 지어 주고, 우편 배달하는 아저씨는 할 수 있는 것이 운전밖에 없다며 주일에 교회 차량 운행을 자청했습니다. 아이들 부모는 식사당번과 청소당번을 맡습니다. 마을 주민들은 급기야 군수 앞으로 편지를 해서 담임목사인 그에게 표창해 줄 것을 요구하기에 이르렀습니다. 교회를 위해 할 수 있는 일이 그것이랍니다. ❊

우리의 검프 '훈이 선생님'

　훈이는 스물네 살 청년입니다. 교회에서 그를 만났습니다. 교회 사람들은 훈이를 '검프'라고 부릅니다. 바보처럼 착하기만 한 모습 때문입니다. 제가 아는 훈이의 모습은 직장생활과 주일학교 교사생활이 전부인 것 같습니다. 주일 새벽엔 아이들과 동네 학교 운동장에서 축구를 합니다. 끝나면 집으로 데리고 가서 함께 아침을 먹고 교회에 나옵니다.

　훈이는 전자제품 수리공입니다. 외출을 많이 해야 하기 때문에 자신의 차가 필요했습니다. 해서 작은 봉고를 구입했습니다. 승용차가 아닌 봉고를 구입한 건 주일학교 아이들을 위한 배려였습니다. 차 안은 어느 유치원 버스보다 아기자기하게 꾸몄습니다. 인형들이 가득하고 의자 커버 하나도 아이들을 생각한 흔적이 엿보입니다. 그의 봉고엔 언제나 비디오용 캠코더와 카메라가 실려 있습니다. 아이들에게 아름다운 앨범 한 권을 선물하는 것이 오랫동안 해 온 일입니다. 주일 아침에 훈이의 봉고가 교회 앞에 세워지면 꼬마들이 그 작은 봉고에서 우르르 몰려나옵니다. 그 광경이 참 가관입니다. 훈이가 꼬마들을 꽁무니에 달고 교회를 오가는 모습은 이제 자연스런 풍경이 됐습니다.

식당에서도 그의 주위엔 꼬마들이 함께 자리를 차지합니다. 예배가 없는 시간에도 훈이는 꼬마들에게 그림을 그려 주거나 공놀이를 합니다. 그것이 결코 억지 같지 않습니다. 그러나 사람들에게 훈인 말이 없는 청년으로 보입니다. 무어라 말을 걸려고 하면 그저 빙긋이 웃습니다. 직장에서도 말보다 앞서는 건 행동입니다. 자질구레한 일은 대개 훈이가 도맡습니다. 주일학교에 무슨 행사가 있어 퇴근이 빨라지거나 할 때면 꼭 사정을 이야기하지만 아무도 훈이의 그런 모습에 손가락질 하지 않습니다. 신뢰하고 있기 때문입니다.

지난 주일엔 네 살짜리 아들에게서 이런 이야기를 들었습니다.

"아빠, 훈이 선생님 정말 착하다?"

세상에서 들을 수 있는 가장 아름다운 평판이란 생각이 들었습니다.

'튤립'이 받은 특별한 생일선물

인터넷신문 〈오마이뉴스〉(ohmynews.com)에 '튤립이 받은 특별한 생일선물'이란 제목으로 실린 동화 같은 이야기 한 편을 요약해 봅니다.

최재영 씨는 경남 마산에서 슈퍼를 운영하는 스물아홉 살의 청년입니다. 같은 나이의 이희옥 씨는 서울에 살면서 '바깥'을 동경하는 1급 장애인입니다. 희옥 씨의 소망은 봄날 햇빛 흐드러진 혜화동 대학로와 화려한 마칭밴드 퍼레이드가 펼쳐지는 잠실의 롯데월드에 가 보는 것입니다. 둘은 모두 PC통신 채팅을 즐깁니다. 올 2월 14일 밸런타인데이, 둘은 매일처럼 채팅에 열중하고 있습니다. 바로 그날 재영 씨는 대화명이 '튤립'인 희옥 씨를 만납니다. 자기 소개란에 뇌성마비 장애인이라고 당당히 밝힌 것, 그럼에도 불구하고 전혀 기죽지 않고 대화하는 모습이 재영 씨를 매료시킵니다. 채팅이 이어지면서 둘 사이엔 친밀한 감정이 싹틉니다. 희옥 씨는 자신의 생일엔 대학로와 롯데월드를 가 보고 싶다 말합니다. 그 소박한 바람에 자극받은 재영 씨는 생일 며칠 앞서 서울을 찾기로 약속합니다.

마침내 그날, 화면의 문자와 전화 목소리로만 대하던 둘은 서울 희옥 씨 아파트에서 첫 만남을 갖습니다. 오후 희옥 씨는 재영 씨가 끄는 휠체어를 타고 대학로를 향합니다. 만만찮은 지하철 계단, 다행히 환승역마다 장애인용 리프트와 역무원들의 도움을 받으며 힘겹지만 즐거운 나들이가 이어집니다. 그렇게 보고 싶다던 5월 대학로의 햇살, 노천카페에서 전통무예 시범도 보고, 비둘기에게 과자도 던져 줍니다. 어둠이 깔릴 무렵 둘은 다시 택시로 롯데월드를 찾습니다. 커피셰이크를 마시며 마칭밴드와 캐릭터 인형들의 행진을 봅니다. 놀이공원 안과 야외 '매직 아일랜드'도 돌아다녔습니다. 그때입니다. 희옥 씨가 무심결에 던진 서툰 한 마디, "이제 죽어도 소원이 없어요." 재영 씨는 그 한 마디에 목이 멥니다. 엉뚱하게 시선을 돌려 이미 어두워진 하늘을 쳐다볼 뿐입니다.

여기선 요약할 수밖에 없는 글이지만 전문을 읽으면 훨씬 진한 감동을 느낄 수 있습니다. 장애인과 함께 살아가는 우리는 재영 씨의 친절함을 책임처럼 지니고 살아야 한다는 생각을 합니다. 그들에게 희망일 수 있는 세상이 비로소 우리에게도 희망일 수 있기 때문입니다. 물론 그들의 편에 서 보고 가능하면 그들이 겪는 불편함과 상처를 체험이라도 해 볼 수 있으면 이해가 훨씬 빠르겠지만, 그보다 그들 가까이에 우리의 존재를 옮겨 놓을 때 비로소 공동체로 존재하는 더 큰 우리를 만나게 될 테니 말예요. ✻

'‘LA 마마’ 홍 씨의 흑인 사랑

“엄마 잃은 LA, 인종 초월 온통 눈물바다.”

LA에서 잡화점을 경영해 온 한국인 홍정복 씨의 장례식 기사 제목입니다. 흑인 폭동으로 잘 알려진 이곳에서 흑인들에게 ‘마마’ (엄마) 소리를 들어 온 홍 씨가 얼마 전에 가게를 침입한 히스패닉계 강도의 총격으로 하나님의 부르심을 받은 것입니다.

홍 씨가 흑인들에게 보여 준 사랑은 무척 각별했습니다. 신문기사에 의하면 홍 씨는 기저귀와 분유 살 돈이 없는 젊은 흑인여성에게 “돈은 나중에 내라”며 물건을 거저 내주곤 했답니다. 자기 가게에서 맥주 몇 병을 훔쳐 달아나는 청년의 뒤에서 오히려 “조심해, 넘어질라!” 하며 걱정 어린 말을 해 준 이야기는 흑인들에게 유명한 일화로 남아 있다 합니다. 이런 일도 있었답니다. 한 흑인 남자가 생계보조비로 받은 수표를 현금으로 바꾸기 위해 술을 사간 사실을 알고는 그 집에 전화를 해 아내에게 직접 돈을 받아가도록 챙겨 주었다는 것입니다.

이런 홍 씨의 푸근한 정에 흑인들도 감사로 대답했습니다. 흑인 폭동이 일어났을 때는 흑인 주민들이 번갈아가며 이 가게를 지켜 주었습니다. 이번에 홍 씨 살해사건이 터졌을 때도 주민들은 LA시의회의 허락을 받아 '지역사회장'으로 홍 씨의 장례식을 치렀습니다. 장례식에는 인종을 초월해 300여 명의 주민들이 참석했습니다. LA시의회는 홍 씨 살해범에 대한 제보자에게 2만 5,000달러의 현상금을 지급하기로 했으며, 추모성명서를 채택해 유족에게 전달했습니다. 홍 씨의 가게에는 "목요일 휴업, 마마 장례식"이란 팻말이 붙었고, 주민들이 놓고 간 꽃다발과 촛불, 성경책, "살인자를 찾아 대가를 치르게 하겠다"는 격문과 함께 "저들을 용서하소서. 그들은 자기가 한 일이 무엇인지 모릅니다"라는 성경구절 등이 붙어 있었다고 전했습니다.

홍 씨의 삶 가운데는 이웃이란 개념이 유난히 돋보입니다. 누군가 내 이웃이 되어 주기를 기다리는 것은 주님의 가르침이 아닙니다. 내가 그들의 이웃으로 사는 것이 주님의 방법입니다. 내가 이웃이 되어야 할 사람들은 고개만 돌리면 얼마든지 만날 수 있습니다. 이웃으로 마땅히 치러야 할 사랑의 수고가 무엇인지 판단하고 주님의 뜻이 거기 있음을 믿으며 행하는 것이야말로 홍 씨의 삶이 가르치는 메시지입니다.

'군고구마 열 개'의 성숙이 있기까지

그를 만나기까지, 올 가을은 참 우울한 심정으로 하루하루를 보냈습니다. 어려운 살림살이에다 비는 또 왜 그리 억수처럼 퍼부었을까요. 정치하는 이들은 사사로이 움직이고, 선생으로 앞에 선 이들조차 자신들을 추스르기에 급급했고, 누군가에게 가르침을 줄 여유는 없었나 봅니다. 이렇게 우울한, 참 암담한 시기에 비로소 그를 만났습니다.

이제 50대 중반에 들어선 그에게 올해는 만감이 교차하는 해입니다. 젊어서부터 지금까지 오직 한 자리에서 천직으로 알고 충성한 직장을 나와야 했습니다. 그 까닭이야 굳이 설명을 더하지 않으렵니다. 이제 대학 다니는 아들과 또 대학을 준비하는 딸, 그들 때문에 주머니 사정까지 힘들어질 때였습니다. 몇 달간은 정말 아무 일도 손에 잡을 수 없었습니다. 하릴없이 공원도 배회했고 여기저기 실직자 쉼터도 들렀습니다.

그리고 몇 달이 지났습니다. 어쩔 수 없이 새로 시작한 일이 사람들 퇴근 시간에 맞춰서 붕어빵과 군고구마를 파는 일입니다. 그러다가 밤이 깊어 갈 무렵에는 포장마차를 끌고 골목길에 나와 국수를 말아서 장사하는 일입니다.

직장을 다니면서 벌었던 수입에 비하면 형편없는 수준이었지만 그래도 조금씩 수입은 늘었습니다. 대신 하룻밤 그렇게 새고 나면 다음 날은 여지없이 온종일 방에 누워 있어야 합니다. 그런 생활을 시작한 지 다시 5개월이 지났고 어느 정도 이 일에도 적응해 가고 있습니다. 손님에 따라선 이런저런 입담도 풀 줄 알게 됐고, 고약한 술손님이 오면 허허 웃음으로 돌려보낼 줄도 압니다. 뭣보다 자신을 누군가에게 그런 식으로 맞춰 간다는 게 어색하지만 싫지는 않습니다. 굵직한 기업에서 중역으로 있었던 기억을 되새기면 아예 생각도 못할 일이기에 이런 변화에 놀라기도 합니다.

요즘 날씨가 쌀쌀해지면서 그에게 새로운 일거리 한 가지가 더 생겼습니다. 군고구마 통을 치우고 집에 들어가서 포장마차를 끌고 나오기 직전에 그는 꼭 팔지 않고 남긴 군고구마 열 개를 골목 옆 공원으로 들고 갑니다. 거기에는 그가 구운 고구마를 맛있게 먹어 줄 누군가가 있습니다. 물론 그가 이런 처지에 이르기 전에는 생각조차 못한 일입니다. 그들이 자신의 말에 귀 기울여 주는 데 더욱 놀랍니다. 대화가 통하는 것입니다. 쉬이 친구로 만들 수 없는 그들에게 진심을 이야기하고 또 그들의 진심을 듣습니다. 어쩌면 이 때늦은 나이에 비로소 삶이 무엇인지 진지하게 묻기 시작한 것입니다. 그렇게도 모진, 가슴 아픈 시간들이 지난 뒤입니다.

'아름다운 인생'의 조건은 사람들의 생각과 달리 전혀 엉뚱한 곳에 있음을 갈수록 깨닫습니다. 어쩌면 삶이란 얕고 가벼움에서 벗어나 깊고 무거움을 향하는 과정인지 모릅니다. 무엇보다 이웃을 배려할 줄 모르는 마음이야말로 천박함의 극치입니다. 예절이 천박함으로부터 벗어나는 기초라면 섬김은 그 위에 쌓아야 할 탑입니다. 그리고 가장 깊고 무거워 고상하기까지 한 삶의 극치를 일러 우리는 십자가라 합니다. 거기 이르기 위해 때로는 가진 것조차 내려놓아야 합니다. ✳

친절이 세상을 밝힙니다

우리에겐 몇 가지 선입관이 있습니다. 버스기사들, '그들은 불친절하다'고 생각해 버리는 것이 그 하나입니다. 감동은 예기치 않은 곳에서 일어납니다. 친절한 버스기사를 만날 때 우리는 여지없이 그런 감동에 젖습니다. 〈주부편지〉란 쪽지 책에 실린 부천 소신여객 기사분들의 친절도 그랬습니다. 스물일곱 살의 정신지체아를 딸로 둔 어느 어머니의 글이었습니다. 요약하면 이런 내용입니다.

언제부터인가 이 딸이 버스 타기를 그렇게 좋아했습니다. 어머니는 그 즐거워하는 얼굴이 좋아 딸을 데리고 '버스 타기' 여행을 시작했습니다. 부천에서 좌석버스를 타고 강서구청을 거쳐 당산역 그리고 영등포역에서 회차해서 돌아옵니다. 둘이서 한 번 타면 2,000원, 하루 차비가 2만 원을 넘기는 경우도 있었습니다. 차비가 아까워 일찍 집에 가자고 얘길 꺼냈다가 딸의 심술에 혼쭐을 겪기도 했습니다. 주차장에 벌렁 누워 버리기도 하고, 때론 옷을 홀딱 벗어 던지며 난리를 피우기도 합니다. 때론 새벽 2시, 3시까지 그렇게 실랑이를 벌이다 들어오기가 십상입니다. 어머니는 피아노

학원을 경영합니다. 그러나 딸이랑 버스를 타는 날이면 하루가 뒤죽박죽 엉망이 되고 말았습니다.

그렇게 몇 개월이 지난 뒤였습니다. 모녀의 사정이 소신여객 기사 분들에게 알려졌나 봅니다. 그때부터 모녀가 나타나면 기사들은 얼른 태워 준 것은 물론이고 회차 지점에선 차비도 받지 않았습니다. 어떤 기사는 "어떻게 일일이 어머니가 데리고 다닙니까. 제게 맡기세요. 아가씨가 하루 종일 버스를 타도록 보살필 테니 퇴근할 무렵에나 와서 데려가세요" 했습니다. 어머니는 세상이 눈부시도록 밝음을 느꼈다고 했습니다.

세상은 이렇게 서 있습니다. 친절이 기둥입니다. 그건 상대를 나의 형편으로 바꿔 생각하는 일입니다. 그러나 그만큼의 여유도 없이 살아 가는 우리들이기에 알면서도 친절하지 않습니다. 바쁜 것이 재산을 늘릴 수는 있어도 세상을 밝히지는 못합니다. 무엇이 먼저인지 따져 볼 일입니다. 누군가 그런 눈으로 하나를 포기하며 옳음을 따를 때 세상은 건강을 잃지 않는 법입니다. ❀

사람이 꽃보다 아름다운 까닭

　니콜스 부부, 제게 또 잊을 수 없는 기억을 남겨 주었습니다. 본인들도 한 치 앞을 볼 수 없는 시각장애인이면서 먼 이국땅의 시각장애아 네 명을 입양해 28년간 키워 온 부부입니다. 언젠가 어느 방송사에서 특집으로 다룬 이야기이니 아마 기억하고 계실 분들도 있겠지요.

　킴, 마크, 엘렌, 사라. 이 네 명의 자녀들은 모두 한국에서 태어난 장애인입니다. 넷째 사라는 시각장애에 정신지체까지 겹친 중복장애아인데 짜증을 부리고 집어던지기도 잘 합니다. 그럴 때마다 니콜스 부부는 던져진 물건을 찾아 줍느라 온 방 안을 더듬어야 합니다. 중복장애아를 수용하는 학교가 없어 두 학교에 동시에 데리러 다니기도 했습니다.

　큰아이 킴과 둘째 마크는 시력 회복 수술을 받아 어느 정도 시력을 회복해 엔지니어로서 학생으로서 제 몫을 넉넉히 담당하게 됐습니다. 이들 모두는 부모를 떠나 다른 도시에서 일하고 있습니다. 셋째 엘렌은 언어학을 전공하는 대학생입니다. 커서 통역사가 되려는 꿈이 있습니다. 앞으로 엘렌은 6개월 정도 한국에 와서 한국어를 배우려고 합니다. 그렇게 되면 니콜스 부부만이 사라를 돌봐야 합니다.

　장애아란 이유로 그들을 내다 버린 이 땅의 이웃들을 생각하며 심한 자괴감에 휩싸였습니다. 1,200만의 그리스도인이 내다 버린 것이나 다름없다는 생각을 해 봅니다. 우리들 마음엔 다른 주님이 계실까요? 니콜스 씨 부부의 삶에서 우리에게 없는 아름다운 사람의 향기를 발견합니다. 사람이 꽃보다 아름다운 까닭은 이 때문입니다. ❁

김 선생님의 졸업선물

김 선생님은 서울 성동지역에 위치한 어느 고등학교 교사입니다. 부부가 모두 10년 넘게 교사생활을 하고 있지만 지금까지 전셋집을 면치 못한 '무능한'(?) 교사입니다. 결혼생활을 맨손으로 시작한 탓도 있지만 무엇보다 제자들의 가난한 형편을 가만히 앉아서 보지 못하는 의로운 성격 탓입니다. 등록금을 못내는 학생들에겐 몰래 학비를 대주는 일이 잦았습니다. 이런 김 선생님이 학교에서 성경공부 모임을 열고 있습니다. 여기에 지출되는 돈도 여간이 아닙니다.

몇 해 전부터 김 선생님은 담임하던 학급의 학생들이 졸업할 때면 꼭 성경책 한 권씩을 선물로 나눠 주고 있습니다. 평생 쓸 것이라 생각해서 값이 제법 나가는 가죽 표지 성경을 장만했습니다. 졸업장과 함께 한 사람 한 사람의 손을 잡고 성경을 전달합니다. 학생들 가운데 아무도 자신이 기독교 신자가 아니라는 이유로 김 선생님의 선물을 거절하는 사람은 없습니다. 그것은 평소 김 선생님이 보여 준 아름다운 삶을 기억하기 때문입니다. 성경을 선물하는 이유를 물었습니다. 김 선생님은 당신이 그리스도인인 이상 학생들에게 성경을 읽도록 부탁하지 않고는 마땅히 제자들을 사랑했다 할 수 없다는 것입니다. 누구라도 참 선생이셨던 예수님처럼 살려 노력한다면 그것이야말로 학생들을 가장 좋은 길로 이끄는 스승의 도리라 여긴 것입니다.

이런 행동이 동료 교사들에게는 실속 없는 사람으로 비치기도 하지만, 김 선생님의 보살핌을 받은 학생들이 탈선의 길에서 돌아와 나중엔 신앙까지 갖게 되는 경우도 많음을 알기에 김 선생님은 자신의 의지를 결코 굽힐 수 없습니다. 누구보다 하나님이 그 증인이심을 그는 고백합니다.

졸업식이 있는 날 밤이면 김 선생님 집은 언제나 학생들과의 졸업파티로 밤새 불이 꺼지지 않습니다. 학생들은 이 밤의 추억을 평생 간직하기로 약속합니다. 이날 밤은 스승의 가르침이 인격으로 싹을 내는 밤이 되고, 그래서 그 가르침이 비로소 삶이 되는 밤입니다.

(김 선생님을 직접 뵙지는 못했습니다. 남들 앞에 자신의 이야기를 하는 게 부끄럽고 자신이 하는 일이 신문에 날 만한 게 아니라며 극구 사양했기 때문입니다.)

하나도 헛되지 않은 수고

미국에서 자그마한 기업을 경영하는 네 형제가 중국의 사천성 지역 선교를 위해 10억 원이란 거액을 한 선교단체에 내놓기로 했습니다. 이들은 물론 미국인입니다. 작년 여름 네 형제는 같은 기간에 휴가를 내고 중국의 사천성을 방문했습니다.

선교여행을 마치고 돌아올 무렵, 그들은 노인이 된 이모의 부탁으로 사천성의 어느 지역을 찾기 시작했습니다. 이모의 부탁이란 이런 것입니다. 50여 년 전 중국 사천성의 그 지역에서 이모가 미션스쿨 교사 겸 선교사로 일할 때 예수님을 믿기 시작한 아이가 있었는데 그가 지금은 어떻게 살고 있는지 알아보라는 것입니다. 이모가 한시도 잊지 않고 마음에 담아 온 사람이었던 것입니다. 알아본 결과, 이모가 쪽지에 적어 준 그 지역은 이미 몇 년 전에 사라지고 없었습니다. 물어물어 그 지역으로 힘들게 들어갔습니다. 그곳에서 처음 만난 사람에게서 그 지역에 훌륭한 그리스도인이 살고 있다는 소리를 듣고 그를 만났습니다. 그에게서 들은 이야기는 이렇습니다.

"그 사람은 얼마 전에 주님의 부르심을 받았습니다. 그는 평생 이 지역 교회를 섬기는 데 헌신한 사람이었습니다. 그로 인해 이 지역에는 많은 수의 그리스도인들이 생겼습니다.”

네 형제는 곧장 이모가 일하던 학교를 찾았습니다. 50년 전의 기록을 찾기 위해서였습니다. 그러나 공산혁명 이전의 기록은 모두 폐기됐다는 이야기를 들었습니다. 그 옛날의 교사, 곧 이모가 생존해 있다는 이야기를 전해들은 이 학교의 교장이 이모를 초청했습니다. 며칠 만에 이곳으로 달려온 이모는 학생들 앞에서 옛날의 기억을 이야기할 기회도 가졌습니다. 50년이 흐른 뒤였습니다. 이들이 모두 모인 자리에서 이모는 이런 식사기도를 드렸습니다.

“주님을 위해 수고한 것이면 하나도 헛되지 않고 열매를 맺게 된다는 사실을 깨닫습니다. 세상을 살면서 이것을 체험하게 하신 주님께 감사드립니다. 더욱이 평생 이들을 위해 기도했는데 이제 이 사명을 조카들을 통해 대를 이어가게 하시니 감격스럽기 그지없습니다……”

황남빵 장인을 보며

천안의 호두과자가 유명하듯이 알게 모르게 지방마다 그런 명물들이 있습니다. 제주의 보리빵, 마산의 아귀찜, 원주의 추어탕 등이 그렇지요. 마찬가지로 경주에는 황남빵이 있습니다. 무엇보다 팥 맛이 독특해서 한번 먹은 사람은 꼭 다시 찾는다 합니다. 황남빵을 처음 만든 사람은 최영화 장로입니다. 이미 하나님의 부르심을 받은 분입니다.

그가 1938년에 처음 황남빵을 만들었습니다. 독자적인 한국의 빵을 만들겠다는 노력의 산물이었습니다. 그는 소위 장인(匠人)이었습니다. 방부제를 섞지 않는다, 기계를 사용하지 않고 수작업으로만 만든다, 빵 값은 깎아 주지 않는다……. 그런 원칙을 끝까지 지켰던 분입니다. 신앙에도 이런 절개가 분명해서 주일엔 무슨 일이 있어도 가게 문을 열지 않았습니다.

최 장로의 뒤를 이어 황남빵 기술을 전수받은 사람이 그의 자부 정복순 씨입니다. 정 씨는 황남빵을 만들기 전에 신앙으로 자신의 삶을 다졌습니다. 그리고 빵을 만들었습니다. 최 장로와 차이가 있다면 황남빵이란 브랜드를 세상에 홍보하기 시작한 것뿐입니다. 그는 큰 가게를 하나 더 마련했습니다. 정 집사가 직접 반죽을 해야 하기 때문에 본

점과 걸어서 5분도 채 걸리지 않는 위치에다 가게를 냈습니다. 매일매일 반죽을 해야 하기 때문에 정 집사는 1박을 해야 하는 외출은 아예 생각도 하지 않았습니다. 기억에도 그런 날이 없습니다.

이제 사람들에게 많이 알려지기 시작한 황남빵을 사기 위해 많은 사람들이 가게를 찾습니다. 자연히 수익도 늘었습니다. 그러나 정 집사는 자신의 씀씀이를 결코 예전과 달리하지 않습니다. 그는 통장에 들어온 그 돈이 결코 자신의 것이 아니라 생각합니다. 선교를 위해 쓴답니다. 누구에게도 그 헌금은 공개하지 않습니다. 결코 알리지 않고 모르게 하고 싶다는 것입니다.

탁월함과 한결같음이 다른 세속적인 가치, 곧 명예나 부나 개인의 안락 따위를 지배하는 삶, 그것이 장인의 삶입니다. 따라서 장인은 으레 독선적일 수도 있습니다. 옳음에 대해서 그렇다는 말입니다. 해서 이런 생각을 가져봅니다. 성경의 가르침에 독선적일 만큼 고집 센 사람들, 그들의 그 한결같은 삶이 그리스도인들의 삶이라면 교회는 어쩌면 또 한 부류의 장인공동체인지 모릅니다. ✺

교회가 주는 즐거움을 아세요?

　두 시간 동안 '아 교회가 이렇게 즐거울 수 있구나' 하는 감격으로 눈물을 적셔야 했습니다. 며칠 전 봄소식이 가장 빨리 온다는 통영에서의 경험입니다. 햇살이 비늘지는 바다를 내려다보며 자리한 통영시민회관엔 이 도시의 한 교회가 마련한 공연을 보기 위해 모인 청중들로 발 디딜 틈이 없었습니다. 겨우(?) 250명 남짓 되는 이 교회의 성도들이 어린 꼬마에서부터 할머니 할아버지들까지 어울려 준비한 공연이었습니다.

　할머니 할아버지들이 어린이처럼 찬양에 맞춰 율동을 하고, 청년들은 힘찬 그들의 몸짓을 자랑했습니다. 아버지들은 모자를 이용한 모션을 해 청중들에게 웃음을 선사했고 이어 '향수'란 곡을 멋지게 불렀습니다. 어머니들은 주방장 차림으로 나와 그 유명한 '난타' 공연을 재현했습니다. 칼과 물바가지, 물통, 프라이팬 등으로 어우러진 한바탕 리듬은 보는 이들의 어깨를 들썩이게 만들었습니다. 무엇보다 마무리가 좋았습니다. 온 성도들이 세계 각국의 민속 복장을 하고 퍼레이드를 펼친 것입니다. 이 교회가 지향하는 열방 곧 온 세상을 향한 선교의 의지가 녹아 있는 프로그램이었습니다.

이들이 함께 즐기는 가운데 마지막으로 목사님이 등장했습니다. 목사님은 "우리가 이렇게 즐거울 수 있는 까닭은 우리가 믿는 하나님 때문"이라며 "여러분 모두에게 꼭 들려 드리고 싶은 노래가 있으니 귀 기울여 주십시오" 했습니다. 그들이 한 목소리로 부른 노래는 우리가 잘 아는 찬송, "나 같은 죄인 살리신 주 은혜 놀라와. 잃었던 생명 찾았고 광명을 얻었네"란 노래였습니다. 그들의 신앙고백이었고 청중을 향한 강한 호소이기도 했습니다. 청중들 가운데 한두 사람이 눈물을 닦기 시작했고, 급기야 그 물결은 공연장을 가득 메웠습니다.

그들의 메시지는 분명했습니다. 교회는 이렇게 기쁜 곳입니다, 교회는 어린이와 노인이 따로 없으며 그들 모두가 하나 되어 젊은 생명을 나누는 곳입니다, 여기서 문화가 만들어지고 희망이 샘솟습니다. 그런 목소리였습니다. ❃

아주 특별한 하루

잊을 수 없는 날들을 기억하며 삽니다. 누구에게나 그런 날이 있습니다. 부모님이 참 어렵게 서울생활을 시작하던 때입니다. 그 무렵 작은 소원 한 가지는 온 가족이 함께 둘러앉아 텔레비전 연속극을 보면서 함박웃음을 터뜨릴 수 있는 시간을 가져보는 것이었습니다. 그만큼 먹고살기에 바빴던 세월이었지요.

그날은 저의 생일이었습니다. 아침상을 받으면서 저는 무척 당황했습니다. 결코 한 번도 그런 적이 없었는데 온 가족이 모두 내 생일을 잊어버렸던 것입니다. 여느 때와 다르지 않은 아침상을 물린 채 학교 가는 버스에 몸을 실었습니다. 창 밖으로도 늘 그렇고 그런 일상처럼 시간이 흐르고 바삐 오가는 사람들이 보였습니다. 슬그머니 눈물을 훔쳤습니다. 생일마저 잊고 살아가는 가족이 싫었습니다. 그러나 더욱 이렇게 여유 없이 살아야 하는 우리들의 세월이 원망스러웠습니다. 학교 강의를 모두 빼먹고 왼종일 도서관에 처박혀 눈에 들어오지도 않는 책만 뒤적였습니다.

오후쯤이었습니다. 학교에서 함께 성경공부를 하던 선배 한 분이 찾아와선 툭 한마디 던지고 사라졌습니다.

"저녁때쯤 사랑방으로 와."

사랑방은 선배의 자취방입니다. 갈까 말까 망설이면서도 발걸음은 어느새 사랑방을 향하고 있었습니다. 방문을 여는 순간, 아, 얼마나 놀랐는지요. 선교단체에서 함께 활동하던 형제자매들이 생일 축하 노래를 부르며 폭죽을 터뜨리고……. 선배는 김치찌개에 계란 프라이가 오른 생일상을 마련해 놓았습니다. 저마다 한마디씩 격려의 말을 담아 생일카드도 만들었고 작은 선물도 준비했습니다. 축 처진 내 모습을 보면서 그들은 이런 특별한 생일파티를 준비한 것입니다. 내 생일까지 잊어버린 가족들에 대한 서운함도 원망스런 세상도 그들과의 대화에서 눈 녹듯 사라졌습니다.

가을이 후두둑 낙엽처럼 떨어지는 시절입니다. 이런 계절, 누군가에게 특별한 날을 선사하고 싶습니다. 수첩을 꺼내 오랫동안 바쁨을 핑계로 전화 한 통 못했던 옛 친구들, 연로하여 외로운 날을 보내는 이웃들, 그들 한 사람 한 사람에게 편지를 씁니다. 동화 같은 가을입니다.

정이 오가는 세상을 바라며

먹고살기가 어려우면 세상은 각박해집니다. 지나친 풍요 속에도 원치 않는 소외가 나타나지만 지금처럼 직장 구하기도 어렵고, 물가도 불안하고, 미래까지 암담할 때와는 또 다릅니다. 정이 없는 세상은 배고픔만큼 고통스럽습니다. 어느 방송 가운데 학생이 백 원짜리 빵 한 개를 '감사합니다' 라는 메모지와 함께 선생님 책상에 놓고는 얼른 내빼는 장면이 있습니다. 그 빵을 꼭 쥐면서 웃음을 머금는 선생님의 해맑은 모습이 담긴 아름다운 광고 얘깁니다. 광고는 이를 가리켜 '정'(情)이라 표현합니다.

신문이나 우유를 배달하는 이들 그리고 새벽 일찍 길거리를 청소하는 이들, 매일 만나는 마을버스 기사 아저씨들, 교회의 사찰 집사님…… 그들에게 이 추운 겨울 따끈한 정을 선물할 수 있다면 참 기쁜 일입니다. 생각해 보세요. 신문을 넣으려 대문 앞에 섰는데 양말 한 켤레를 들고 기다리는 맘 좋은 독자를 만난 그이의 기쁨을, 마을버스를 올라타는 꼬마가 초콜릿 한 개를 내밀며 "아저씨, 메리크리스마스"라고 전한 해맑은 목소리의 인사를 들을 그이의 기쁨을, "집사님, 고마워요"라고 적힌 쪽지와 목도리 한 개를 선물 받게 될 사찰 집사님의 미소를……

　꽁꽁 얼어붙은 세상을 녹이는 따뜻한 정은 이처럼 작지만 정성이 오가며 모락모락 피어날 것입니다. 하나님은 이 일을 당신의 백성들에게 맡겨 놓으신 듯합니다. ❀

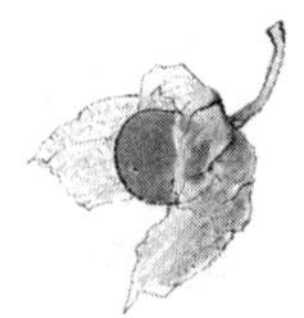

기자생활을 시작한 지 어느덧 13년 세월이 흐릅니다. 그동안 참 많은 사람들을 만났습니다. 사람을 만나는 일은 곧 그 사람의 삶과 생각을 만나는 일이기에 누구를 만나든 그가 살아 온 세월만큼의 풍상과 깊이를 읽게 마련입니다. 그래서입니다. 이것이야말로 함께 세월을 살아가는 사람들에게 세상살이의 소중한 깨달음을 가져다주는 생생한 '현장 학교' 라는 생각을 갖게 됩니다. 세상살이의 해답은 언제나 사람에게 있다는 말도 모두 이런 이유 때문일 것입니다.

사람들, 그 중에도 무엇보다 들꽃 같은 사람들을 생각합니다. 들꽃은 흙이 있는 곳이면 어디든 늘 있는 꽃입니다. 그래서 주목조차 못 받지만, 생명은 질겨서 아무리 밟혀도 다시 피는 꽃입니다. 무엇보다 지천으로 흐드러지게 피어서, 하늘과 땅과 사람까지 함께 어우러짐으로 더 아름다운 꽃입니다. 들꽃은 홀로 피어 제 한 몸 우뚝 솟기보다 함께 피어 오히려 수많은 꽃들의 배경으로 어울리는 꽃이라는 말이지요.

그런 들꽃을 닮은 사람들 역시 마찬가지입니다. 눈여겨보지 않으면 있는지 없는지조차 모른 채 지나쳐 버리게 되는 사람들, 역사의 화려한 진보 그 뒤에서 보일 듯 말 듯 땀흘리는 사람들, 언제나 거기 그대로 없는 듯이 있는 사람들, 그러나 그들이 없으면 세상은 질서를 잃어 버린 듯 온통 우왕좌왕하게 될 만큼 소중한 사람들, 그들입니다.

신기하게도 우리 주님의 삶과 관심과 말씀이 온통 들꽃을 빼닮았다 는 발견에 이르면 어느새 신앙의 새로운 자리매김까지 해 보고는 합니 다. 사람에게서 희망을 찾는 일, 희망을 일궈 낼 거대한 힘이 사람에게 있음을 믿는 일, 그런 기대로 사람을 대하고 그 존재의 힘과 가치를 주 님의 눈으로까지 높여 가는 일, 그래서 비로소 천하보다 귀한 한 영혼 과 만나는 일, 이것이야말로 놓칠 수 없는 신앙의 뼈대임을 깨닫습니 다. 그럼으로써 사람의 향기는 곧 신앙의 향기가 됩니다.

사람의 향기에 유난히 방점을 아끼지 않는 까닭은 저의 조급하고 무 례하며 오만한 '사람 대하기' 행태 때문입니다. 저는 기다리는 데 익 숙하지 않습니다. 한 존재가 꽃을 피우고 향기를 낼 때까지 묵묵히 지 켜보는 일은 무엇보다 주님이 저에게 먼저 보여 주신 일이었음에도 저 는 사람을 쉽게 판단하고 '지금'의 그를 볼 뿐 그 속에 자라고 있는 연 약한 새순을 보지 못합니다. 그뿐 아닙니다. 무례하게도 사람을 이런 저런 방식으로 나누고 그러고도 모자라 점수를 매기기도 합니다. 이 사람을 따돌리고 저 사람과는 손잡기 위해서입니다. 다름을 틀림으로 간주하는 못된 버릇까지 끝도 없는 독기가 서려 있습니다. 주님께서 한번도 하시지 않은 일을 제가……, 언감생심 은혜를 입고 사는 주제 에 말입니다. 지긋지긋한 오만입니다.

　앞에 나온 글들은 모두 '들꽃장식'이라는 이름으로 어느 교회 신문
에 연재해 온 것입니다. 들꽃들로 가득찬 세상을 꿈꾸는 마음으로 한
송이 한 송이를 모은 게 어느새 수백 송이에 이르렀습니다. 이렇게 들
꽃처럼 사는 분들을 만나고, 그들이 언제 어디에나 싱싱한 얼굴로 존
재한다는 믿음만으로도 세상은 벌써 평화를 위한 씨앗 한 줌을 준비해
놓은 듯합니다. 벅찬 감격입니다. 평화를 향한 희망은 그렇게 나비처
럼 날갯짓하고 있습니다. 하여 들꽃을 보는 마음은 이제 희망을 보는
마음이 됩니다. 희망이란 아직 여기 존재하지 않음에도 이미 시작된
어떤 것이며, 그 희망의 출발점은 여전히 사람입니다. 그들은 세상의
어떤 모순이든 견뎌내며, 그 인고의 힘을 응집하여 거대한 희망을 만
들 테니까요.

박명철

사람의 향기, 신앙의 향기

지은이 박명철

2003. 10. 23. 초판 발행
2004. 6. 25. 2쇄 발행

펴낸이 이재철
만든이 정애주
편집 옥명호 이현주 한미영 한수경 김혜수
제작 · 미술 홍순홍 권진숙 서재은 김승철
영업 오민택 백창석
관리 이남진 박승기
총무 정희자 김은오
쿰회원관리 국효숙 김경아

펴낸곳 주식회사 홍성사
1977. 8. 1 등록 / 제 1-499호
121-885 서울시 마포구 합정동 377-9
TEL. 333-5161 FAX. 333-5165
http://www.hsbooks.com
E-mail: hsbooks@hsbooks.com

ⓒ 박명철, 2003

ISBN 89-365-0203-4
값 8,000원 ※ 잘못된 책은 바꾸어 드립니다.
Printed in Korea

 HONG SUNG SA, LTD.